ヤマケイ文庫

山怪 参

山人が語る
不思議な話

Tanaka Yasuhiro
田中康弘

Y L
Yamakei Library

カバー装画＝柄澤 齊

山は多くの恵みをもたらす
峰々から流れ落ちる水は大切な命を育む
生活に欠かせない燃料、材料、資材
山から生活の基本となる大切な物を頂く
山さえあれば人は生きていくことが出来る
信仰も癒しも喜びもそして文化も
山無くしてはあり得ない人の暮らし
山は資源、山は根元、山は滋養
そして
山は少し怖い
いや、かなり怖い

山怪 参・目次

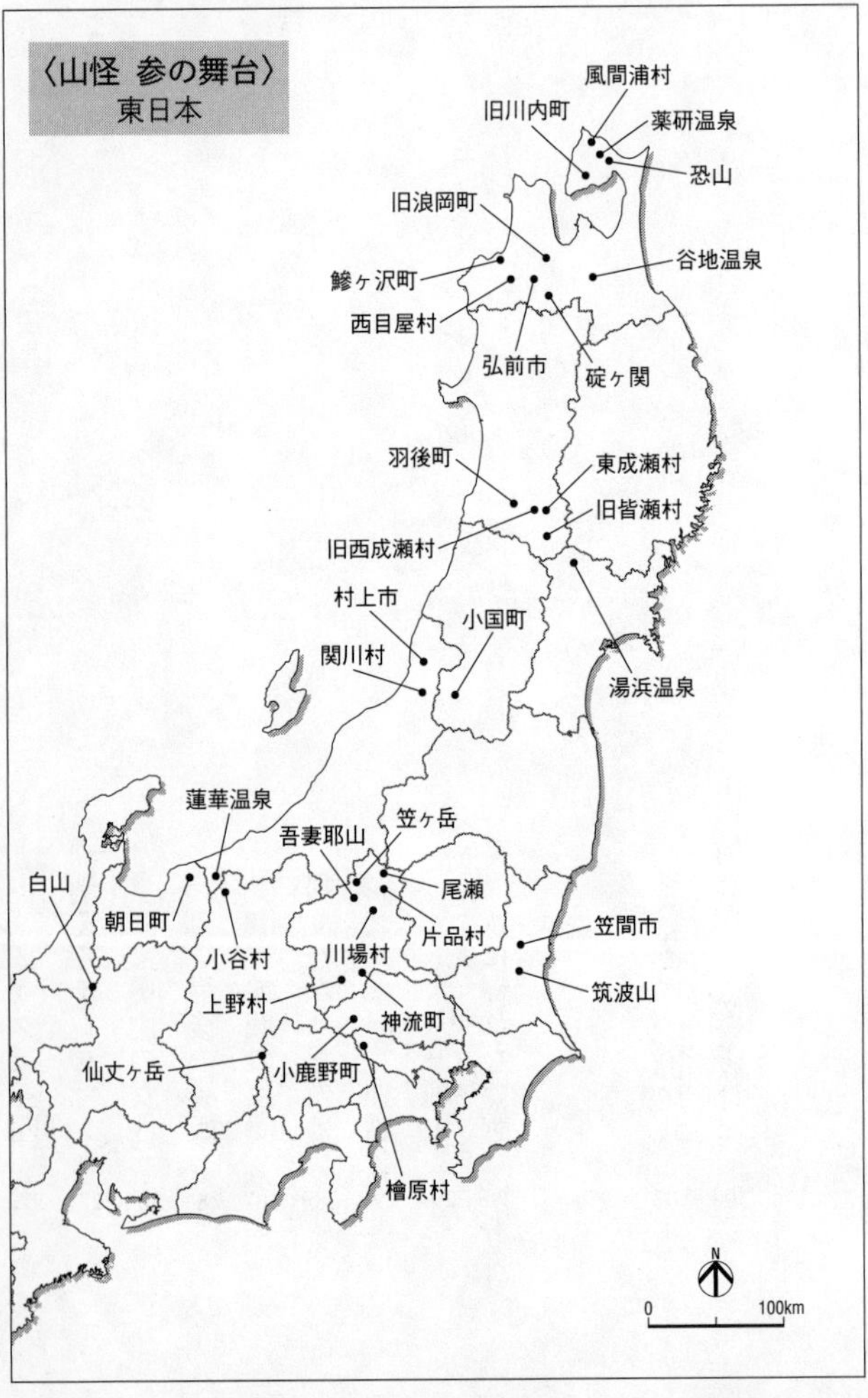
〈山怪 参の舞台〉
東日本
風間浦村
旧川内町
薬研温泉
恐山
旧浪岡町
谷地温泉
鰺ヶ沢町
西目屋村
弘前市
碇ヶ関
羽後町
東成瀬村
旧皆瀬村
旧西成瀬村
村上市
小国町
関川村
湯浜温泉
蓮華温泉
笠ヶ岳
吾妻耶山
尾瀬
白山
朝日町
片品村
笠間市
小谷村
川場村
上野村
筑波山
神流町
仙丈ヶ岳
小鹿野町
檜原村
N
0
100km

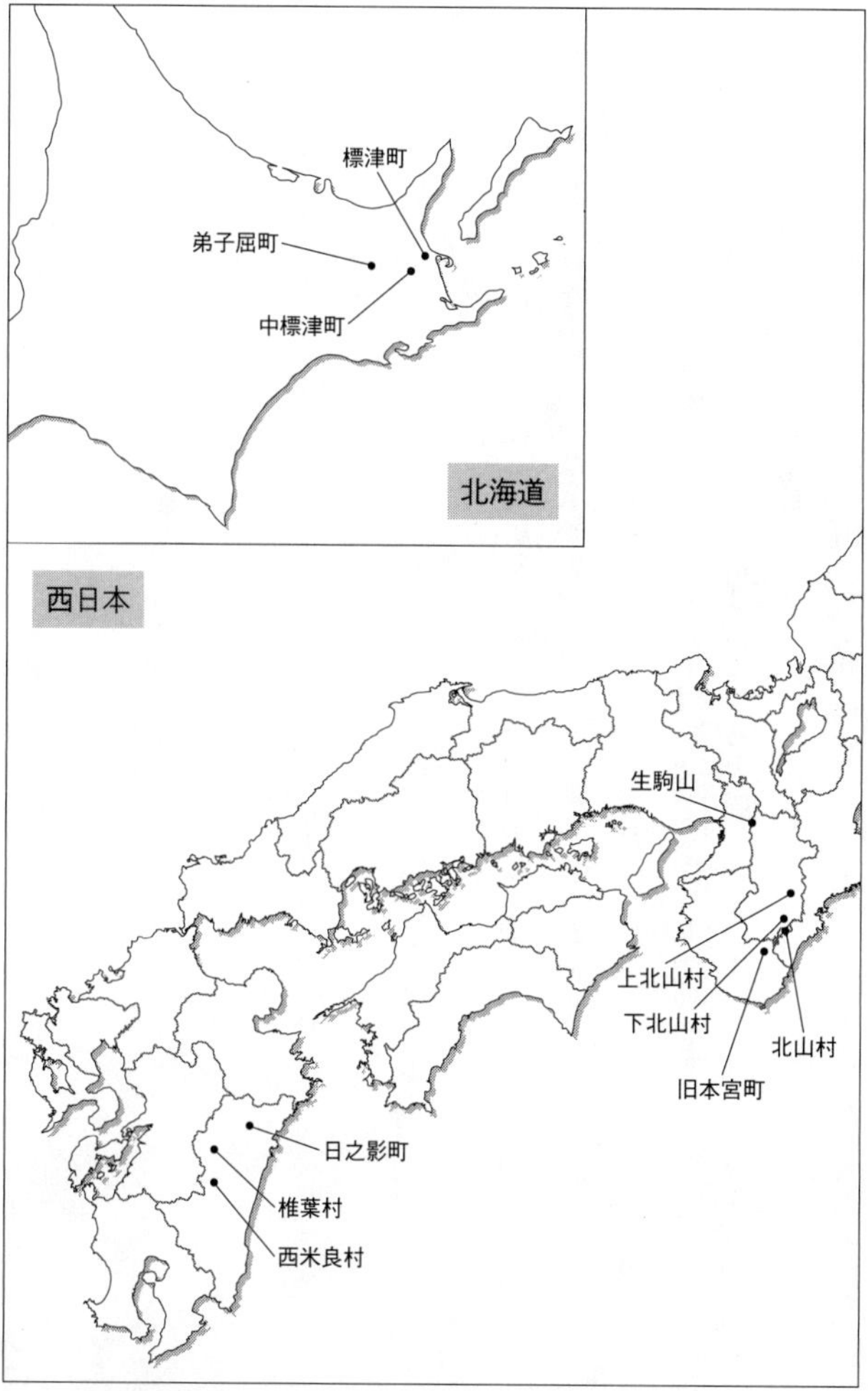
北海道
標津町
弟子屈町
中標津町
西日本
生駒山
上北山村
下北山村
北山村
旧本宮町
日之影町
椎葉村
西米良村

はじめに――山と人と怖いモノ

「山さ大根取り行ってくる」

東北地方のある農家で婆ちゃんがそう言って玄関を出た。

「山に大根？」

婆ちゃんが向かったのは家の横にある菜園だった。つまり玄関を出ればそこはもう山だという意味だろう。

築二百年ほどの古民家に住んでいる方を訪ねた。夏のことですべての戸が開け放たれている。通された部屋からは家の裏山が見えた。導水管から清水がどぼどぼと池に流れ落ち、その傍らには苔《こけ》むした石製の小さな祠《ほこら》が鎮座している。水神様だ。壁が少なく柱で支える古い日本家屋は、戸を全開にするとほぼ外と同じ空間になる。オニヤンマはすーっと通り過ぎるし、蛇もにょろにょろと顔を出す。キャンプ場でタープを広げるのと大差ないようにも感じる。

家の外は山であるが、家の中も山とあまり変わらない空気が満ちていた。もちろん現代の山里の家は高気密であり、窓を閉め切ってエアコンを入れれば都心のアパートと何ら変わらない。それに比べると、昔の山人は家の中でも濃厚な山の気配に包まれていたのだろう。家の外は山、家の中も山……。

何が一番山で怖いのか山人に尋ねると、東北のマタギは雪崩《なだれ》と答える人が圧倒的に多い。つまり〝自然が一番おっかねえ〟と考えているのだ。これに対して、雪の無い所の猟師からそのような返答、〝自然が一番おっかねえ〟はほとんど聞かれない。銃を持っていれば獣は怖い存在ではない。大荒れの天候ならば最初から山へは行かないので危ないこともない。だから山中で、自然は特に怖い存在とは感じないのだろう。

それでも彼らに敢えて何が怖いかを尋ねると、多くの人が、〝世の中で一番怖いのはやっぱり人間だ〟と言うのである。無難といえば無難、面白くないといえば非常に面白くない答だ。ただし、これが一人で山の中にいる女性となると話が変わってくる。奈良県の例（Ⅲ章「奥山の女性」）のように普通の格好をした女性が一人ぽつんと奥山に立っていれば、それはかなりの恐怖なのだ。

人ではなく獣、特に熊（ツキノワグマ）が怖いという人は多い。近年、秋田県でスーパーKと呼称された人食い熊が恐怖の対象となった。それまで熊による人的被害はあったが、明らかに人を狙った事件は北海道の羆《ひぐま》に関するものがほとんどである。日常的に山へ入る人にとって、このスーパーKの出来事はかつて無い恐怖となったようだ。実際地元では射殺された熊は別の熊で、真犯人はまだ山の中にいると信じて疑わない人も多数いる。

熊や雪崩は具体的な存在で怖い。それに比べると山怪は具体的ではなく存在すら不確定。だからこそ怖いとも言える。具体的と不確定、どちらも怖がる人がいれば、どちらも平気な人がいる。

もちろん私は前者であり、怖くて仕方がない。自身が山人でなくて正直ほっとしているのである。

I 戸惑いの森

優しい狐と幻の椿

小国《おぐに》町は山形県の顎《あご》を自称している。地図を見ると確かに山形県は左側を向いた人の顔に見えるのだ。そのちょうど顎の辺りに小国町が位置している。小国町五味沢《ごみさわ》集落のベテランマタギ斉藤重美さんに話を聞いた。

「狐火いうのはこの辺では聞かねなあ。狐がよくいる場所はあるんだ。でもよ、この辺りの狐は絶対に命を取らねえもんなんだ」

「騙《だま》して酷《ひど》い目にも遭わせないんですか？」

「そんな話は聞いたことねえもんなあ。大体三日もすれば狐が無事に返すもんだ」

＊

斉藤さんの近所で一人の老人の姿が急に見えなくなったことがある。集落中総出で探したがなかなか見つからない。しかし誰も慌てる様子はなく……、

「まあ、そのうち帰ってくるべ」

それから三日後、件《くだん》の老人は発見された。

「山さ行ったみたいだったどもなあ、怪我もしてねえし汚れてもいなかったよ」

彼がどこにいたのかは結局誰にも分からないままである。この方はいわゆる認知症ではなく、しっかりした人だったそうだ。

＊

斉藤さんの猟仲間の関英俊さんは茨城県から移住して山仕事に従事している。若い頃から山好きな関さんは、怖い思いをしたことなど一度も無いと言う。いや正確には〝怖いと思わないようにする〟が正しい。怖いと思い出すと、わずかな事象にも震え上がって山を歩くことなど出来ないからだ。

「昔、日光の山の中を歩いていたんですよ、夜中に。そん時、自分の前を狐がトコトコ歩いてるんです。距離が少し近くなっても逃げないでね、時々後ろを振り向きながら歩くんですわ。あれについていくと、きっと化かされるんだなと思いましたね」

夜中一人で奥山を歩ける肝の持ち主には、狐も手を出すことはないだろう。

*

山仕事を生業《なりわい》としてきた斉藤さんは、隅々まで山を知り尽くしている達人でもある。

「切りたくない木があるかって？　それは三つ股に幹が分かれた木だ。あれは絶対に切らねえなあ。神様が宿っている木だから」

斉藤さんは大宮子易両《おおみやこやす》神社の森で伐採を行《おこな》ったことがある。その時は使用する道具すべて、神前でお祓いを受けた。もちろん切り倒す木々も同様にお祓いをしてから作業を始めた。

「山さ入る時はかならず山神様に手を合わせて入るんだ。いつも猟さ行く時、途中さ祠があるんだよ、山神様のな。そこを越えたらもう山言葉しか使ってはいけねえのさ」

山言葉とはマタギたちが猟で山へ入った時に使う特殊な言葉で、マタギ以外には聞かせてはいけない。またうっかりマタギが山中で里言葉を使えば水垢離《みずごり》を取らされたという。つまりマタギたちは人の支配する世界と山神様の領域をはっきり区別していたのである。

「その祠から上で赤い椿《つばき》の花さ見たら山下りねばなんねえんだ。俺は調べて回ったんだよ、そうしたら本当にそこから上には椿の木は一本も生《は》えてねえのさ」

「椿の木は生えてないのに椿の花を見るんですか？」

意味が摑《つか》みかねたので詳しく訊くと、こういうことである。その祠から上の地域に椿は実際に生えていない。しかし山へ入って、あるはずのない椿の赤い花を見たら、それは山へ入るなという山神様からのサインなのだ。

「無い物が見えるってのは、体の調子が悪いか何かは分からねえけどな。とにかく山へ入るなってことだ。そうやって途中で帰った人はいるんだよ」

他地域でもいつもと違う兆候があった場合は躊躇《ちゅうちょ》せずに引き返すと話してくれた山人が複数いた。これを単なる迷信や気の迷いと決めつけるのは容易ではない。動物的な第六感が何かを知らせる場合もあるのだから。

＊

「かなり前のことなんだあ。家の近所でえらくカラスが騒ぐんだよ。あんまり五月蠅《うるせ》えからよ、〝ポン〟って撃ってやったんだ」

一羽のカラスがくるくると地面に落ちてきた。それを見届けると同時に家の電話が鳴るのが聞こえてきた。

「電話さ出たら、爺さんが今し方死んだと。それからカラスは撃つのをやめておこうと思ったんだ。単なる偶然だとは思うけどもよ」

浮き上がる人

　小国町にある羽前一宮は、大宮子易両神社という少し変わった社である。大宮神社と子易神社が一つになっており、外観は一つの社なのだ。創建七一二年という由緒ある神社の禰宜《ねぎ》、遠藤成晃さんの話。

「子供の頃、ポルターガイストは経験がありますね」

　禰宜を務めるこの神社は母方の実家で、子供の頃は少し離れた家に住んでいたそうである。

「小学校の低学年でしたねえ、確か。何で揉めたのかは忘れましたけど、夕食時にふてくされて居間に寝ころんでたんですよ」

　居間は吹き抜けの空間で天井が高い。その天井を見上げていると、何かがぴゅっと飛んでくるのが分かった。ダーツの矢である。

「先が吸盤になっている玩具なんですが、それが上から凄い勢いで凄い角度で飛んできたんです。びっくりしましたよ」

家族は食堂でご飯を食べてる最中、もちろん二階には誰もいなかった。

＊

成晃さんが高校生の頃、炬燵《こたつ》でうたた寝をしていると、金縛りにあったことがある。

「あれ、動かないなあって思っていたら、頭のほうから足音が聞こえてきたんです。それが段々近づいてくるんで、これはまずいと思いました」

必死で藻掻《もが》きながら力を振り絞り、何とか金縛りから抜け出した瞬間……。

「笑い声が聞こえたんです。小さい女の子でしたね、姿は見えません。三人くらいで笑いながら横を駆け抜けていくのが分かりました。この話もダーツの話も誰も信じてくれないんですよ。だからほとんど話しません」

＊

成晃さんの母が高校生の時である。神社内で当時家族が生活するスペースは老朽化が進み、かなり酷い状態だった。そこで一部を建て直すべく計画を立てていた。そんな或る夜のことである。

「母が部屋で寝ていたら、体が浮いたのが分かったそうです」

驚いて目を開けると、暗い部屋の中を風が猛烈な勢いで上下に渦巻いているのが分かった。自分の体はその渦に飲まれていたのである。猛烈な風の中から何者かの声が聞こえた。

「母の名前を呼ぶんだそうです。そして〝寒い、寒い〟って言ったそうです」

次の日、この話を父にすると、

「そうか、やっぱり社殿も建て替えないといけないようだなあ」

こうして建て替えられたのが現在の社殿である。

*

成晃さんの祖母尚子さんは奈良県の春日大社で巫女《みこ》をやっていた。それがどういう縁かこの神社の関係者となって久しい。その尚子さんは先の宮司が入院している時に不思議なモノを見ている。重篤な状態だった宮司の傍らに付き添っていると、その背後に何かが浮かんだ。

「えっ、何やろ?思うて目を疑いましたね。赤い光と青い光が二つ、ぽわ〜浮かんどるんです」

その謎の光が出現して間もなく、宮司は息を引き取ったそうである。人魂系（狐火、火の玉など）には赤っぽい色と青白っぽい色があるようだ。それが季節や時刻で見え方が違うのか、理由は定かではない。或る人は〝死んだ人は青白く、まだ死にきれていない人は赤い〟と解説してくれたが、この場合は両方である。

＊

この宮司さんは亡くなる前に幽体離脱をしたそうだ。

「病院で目を覚ましたかな思って見たら、何か言うんですよ。それがね、さっき神社まで行ってきて家の横に赤い椿が一輪咲いておったのを見たって。それで帰って確かめたら、一輪の椿がちゃんとありました」

幽体離脱とは、早い話が生き霊である。その幽体離脱が可能な状態だったから、臨終の間際に赤と青の光が同時に見えたのかも知れない。

＊

社務所内には、上段の間という一段高くなった部屋がある。かつては米沢藩の上杉家と縁が深く、お偉い方が入る特別な場所だった。今はたまに訪れる親戚が泊まるが、中にはそこを非常に怖がる人がいるそうだ。

〝夜中に誰かが部屋中を歩き回る音がして、恐ろしくて寝られない〟

まるで〝ここはあんたらが泊まる部屋じゃない〟とでも言いたいかのような嫌がらせである。

魂との遭遇

小国町の大宮子易両神社のすぐそばでゼンマイを干していたご婦人の話。

「何年か前のことですけどねえ、叔母さんが亡くなった時に子供たちが見たらしいんですよ、叔母さんを」

叔母さんが亡くなってから数日後のことである。家から少しばかり離れた地区に用事があり、姉弟二人で出掛けたそうだ。道すがら時々話をしていた姉弟は、ある時点から一言も口をきかなくなる。そのまま不思議な沈黙が続いたが、一週間ほど経ったある日……。

「家で話をしてたら、お姉ちゃんが突然〝私な、叔母ちゃんを見た〟言い出したんですよ」

それはあのお使いに姉弟で出掛けた時である。お姉ちゃんは道の向こうに叔母ちゃんが歩いているのを見たというのだ。もちろんその方はすでに亡くなっていて、お姉ちゃんも葬式に参列している。

「何を馬鹿なことを言ってるの、叔母ちゃんは死んだやないの。夢の話やないい？」

姉の話はこうである。

〝自分は道の向こうを普段着姿で歩く叔母ちゃんを見て、腰が抜けそうなくらいに驚いた。しかし横に弟がいたので叫びたい衝動を必死でこらえた〟

その話をそばで聞いていた弟が口を開いた。

「実は俺も見たんだよ、叔母ちゃんが歩いているのを。格好も姉ちゃんの話と同じだった」

姉弟は同時に亡くなったはずの叔母ちゃんの姿を見ていたのである。しかしあまりのことに二人とも言葉が出なかったのだ。それがあの時、突然の沈黙が訪れた理由である。

*

姉弟で同時に同じモノを見る場合もあれば、若干違う場合もある。新潟県村上市で会った山菜採りが大好きな婆ちゃんの話。

「叔父さんが亡くなった日の夕方なんだけどね。息子が仕事から帰って、車庫のシャッターを閉めておったらね、下の隙間から白い煙みたいなんがぶわーって入ってきてね」

大きく真っ白な塊は煙のようでもあり、光のようでもあった。それが自分に向かって凄い勢いで迫ってくる。

「うわあああああーっ！」

彼が叫び声を上げて後に下がると、その塊は天井に吸い込まれるように消えた。

「ぎゃあああああーっ！」

今度は二階で悲鳴が上がる。ちょうど車庫の上は物干しで、そこにいた姉が叫んでいたのだ。何事かと婆ちゃんが見に行くと姉がへたり込んでいる。

「洗濯物を取り込んでいたら、いきなり床から黒い塊がぶわーっと出てきたって凄く怖がってたよ。あれはやっぱり叔父さんが挨拶に来たんだろねえ」

なかなか乱暴な挨拶である。しかし二階と一階、姉弟でなぜそれぞれ見え方が違ったのか不思議だ。

＊

「うちのお父さん（配偶者）が入院した時に医者に言われたのよ。〝状態は良くないので覚悟しておいてください〟って。それでいったん家に帰ったのね、いろいろ準備をしないといけないから」

どれくらいの入院期間になるのかは分からない。着替えをどうするか、パジャマは何枚必要か、いろいろ考えていると、

〝カラカラカラ〟

玄関の開く音がして顔を上げる。廊下を歩いてくるのは病院にいるはずのお父さんだった。

「えっ、何で帰ってきたんだろうって見たら、作業服を着てたの」

先ほど病院へ行った時の格好ではなく、いつも仕事へ行く時の服装だった。あまりに妙なので婆ちゃんは声をかけた。

「お父さん、そんな格好でどうしたの？」

その瞬間、お父さんの姿は掻き消えたのである。

森へ消えた飛行兵

新潟県関川村の村長を務めた平田大六さんは山歩きが好きで登山仲間も多い。そのうちの一人が、飯豊《いいで》連峰北部の奥胎内《たいない》の山小屋で不思議な体験をしている。

昭和五十年夏、新潟市に住むM氏が子供と一緒に胎内小屋に泊まったが、夜中に猛烈な寒気を感じて目が覚めた。いったい何事かと辺りを見回すと、頭のほうに何やら小人のような不気味な影がある。そんな馬鹿なと、よく見るべく体を起こそうとしたが、まったく微動だにしない。そのうちに悪寒が強くなり、体がふわりと浮き上がるのが分かった。今まで感じたこともない恐怖に襲われて、為《な》す術《すべ》もなかった。下山するとM氏はすぐ仲間に尋ねる。

「おい、胎内小屋で誰か死んだ者はいるかい?」

そのような事実は無いが、それを聞いた一人の仲間は思い当たる節があった。

「それはきっと飛行士の霊だ」

話は昭和十六年十一月十四日に遡る。

奥胎内の山地で訓練中の陸軍戦闘機が墜落する事故が起きた。操縦士は何とかパラシュートで脱出したが、深い森の中へ降りてそのまま行方不明となったのである。大六さんが小学生の頃の出来事で、多くの軍用機が捜索のために飛び回っていたのをよく覚えているそうだ。

この時捜索に駆り出された地元の山人は、発見した残骸の傍らのブナの巨木に鉈《なた》で銘を刻んでいる。それから三十年ほど後、ほとんど忘れられていたこの事件現場を探した人たちがいた。当時墜落機を発見して傍らのブナの木に銘を刻んだ人の息子である。刻んだ当人はその後出征して二度と故郷に帰ることはなかったのだ。

実はこの胎内小屋の周辺では不可解なことが続き、関係者は首を捻っていたのである。そこにM氏の一件があり、行方不明の操縦士の供養を思いついた。昭和五十年、M氏をはじめ大六さんや多くの山仲間が集い、山へ消えた飛行士の霊を弔ったのである。

＊

昭和五十一年夏、イワナ釣りに入った人たちが行方不明になった。大六さんの山仲間が救助隊として胎内小屋へ向かい、翌朝早くから捜索を開始した。歩き始めて間もなく、一人の隊員が大きな叫び声を聞いた。

「おーい、三人が見つかったぞー」

辺りにこだまするくらいの大声が二回響いたのである。

「見つかったのか？　誰だ今のは？」

一緒にいた隊員たちのほうを振り向くと、皆はきょとんとした顔をしている。

「見つかったたって今言ってたろ、どこかで。三人見つかったらしいぞ」

「何のことだあ？　何も聞こえねえよ」

あれほどの大声で二度繰り返されたはずなのに、他の隊員は誰も聞いていなかったのである。それからわずか後、無線機から三人無事発見の知らせが入った。

無事に行方不明者を救出してから、謎の声を聞いた隊員は夕刻家に帰り着く。玄関を開けると、出てきた妻が不安そうな顔で言った。

「昨日の夜中に電話が掛かってきたよ。誰かは分からんけど〝三人は無事に見つかりました〟言うとったけど」

その時刻は全員が胎内小屋で休んでいた。もちろん電話が出来る環境ではないし、その時点では遭難者の生死も定かではなかったのである。

後日、この隊員は、不思議な声や夜中の電話は前年に供養をしたあの岡山県出身の陸軍少尉だと思えて仕方がなかった。

ミミズ素麺と小さな人

平田大六さんの大叔父は村の教育者でしっかりした人だった。昭和の初めの頃、大叔父が婚礼に呼ばれた帰り、ふと気がつくとなぜか橋の下に佇《たたず》んでいた。

「その人、七郎さんいうんやが、持っていたごっつお（ご馳走）が何も無かったそうですわ。カワウソのせいかも知れん。この辺りじゃあ縞の着物を着た女はカワウソが化けとるいうんですよ。それがごっつおを盗ったんでしょうな」

＊

やはり大六さんの親戚が山の中で忽然と姿を消したことがある。彼が二十歳《はたち》の頃、仲間たちと山仕事をしている最中の出来事だ。つい今し方までそこで作業をしていたはずの人が突然行方不明になって、集落中が大騒ぎになったそうだ。

「消防団を中心に捜索したけどなかなか見つからん。あれは三日目やったなあ、考えられんような奥山におったんです。その人が後で言うには、何でも山の中で立派な家があって、綺麗な女の人に素麺《そうめん》をご馳走になったと。でもそれはミミズやったいうことですなあ」

奈良県の川上村で行方不明になった女の子が見つかった時に大量のミミズを吐き出した話を聞いた。ミミズ素麺は山の中ではポピュラーなご馳走らしい。知らない人から素麺を勧められたら考え物である。

*

大六さんの奥さんは墓場で小人に遭遇した。それは親戚の女性と墓参りに行った時のことである。

「供えてあった古い花を捨てる場所があるんですよ。そこにゴミを持っていったらね、小さな人がね、歩き回ってるんですよ」

真っ昼間に二人が見たのは、狐や狸ではなく完全な人間である。ただ異常に体が小さかっただけだ。先述した胎内小屋でも小さな人が姿を現したように、これは山ではそう珍しくないのだろう。以前に兵庫県の女性猟師が二度山中で見ているから、日本各地にいるのかも知れない。

峠に立つ男

私が「山怪」の発想を思いついたのは、阿仁《あに》マタギとの長い付き合いがあったからだ。その阿仁は秋田県の北部にあり、森吉山周辺をマタギたちは活動の場としている。秋田県南部にもマタギがいて、その先祖を辿ると阿仁から熊狩りに来ていた人がそのまま住み着いたといわれている。岩手県と境を接する東成瀬村や、宮城県と境を接する旧皆瀬村（現湯沢市）も、狩猟や山仕事が盛んな土地だ。冬季は山越えの道路がすべて閉鎖され、広い地域が袋小路のような状態になる。

＊

旧皆瀬村で山仕事全般を請け負う北日本索道という会社を経営する兼子《かねこ》富一さんに話を聞いた。索道とはワイヤーを使って木材を山から下ろす仕組みのことである。今では林道が発達し、機械類も性能が上がったので索道を利用する機会は減ったそうだが、それでも深い谷場では不可欠な仕組みである。

「国道三九八号をよく利用するんですよ。宮城県側は凄く狭いけどねえ、近いからねえ、まあ冬場は通れないけど」

秋田側は道幅も広く快適だが、峠を越えて宮城側に入るとなかなかの〝酷道〟である。すれ違いの出来ないつづら折りの連続だった。その〝酷道〟を兼子さんが夜中に宮城県側から旧皆瀬村へと向かっていた時のことである。

「あれは秋だったかなあ、夜中の十二時過ぎに栗駒山を越えていたんだ。雨が降っていたよ」

雨の山中は本当に暗い。走る車のライトは闇に吸い込まれ、自分が本当にいつもの道を走っているのかさえ時々自信が持てなくなる。そんな中で何度もカーブを曲がると、降りしきる雨の中に何かが浮かび上がった。

「人なんだよ、それが。雨の中で凄い顔して両手を振ってるんだ。もう背筋がぞーっとしたよ」

あり得ない光景だった。真夜中の降りしきる雨の中で車を睨みつける一人の男は必死の形相である。

「ひょっとしてそれが山で迷った人かも知れんと思ったけど、そいつが刃物でも持っておったらやられるからねえ」

兼子さんは迷わずにアクセルを踏むとその場から離れる。しばらくしてバックミラーで確認したが、ちょうどカーブに差しかかり、男の姿は見えなくなっていた。

「あの峠の所ではあるんですよ、誰かが立ってることが」

その誰かを親切心から乗せるといつの間にか姿が消えているという定番の話である。実際に体験した人が複数おり、そのことを知っている人は夜中の峠越えは絶対にしない。兼子さんの場合、その誰かが例え人でも、とても止まるような状況ではなかったのである。当時、実際に遭難者の情報は無かったから、やはりこれは人ではなかったのだろう。夜の栗駒山越えは要注意である。

死のサイン

兼子さんが若い頃は、森に飯場《はんば》を設営して山泊まりで仕事をしたこともあった。電気も無い山の中で寝起きしながら仕事をするのは、山人にとって珍しいことではない。意外とこういう状況下での不思議な体験の話は聞かないものである。それとも経験者がいなくなってしまっただけかも知れないが。

「もう十五年くらい前の話だねえ。奥山で伐採作業している時に死んだ人がいるんだ。それが凄く妙だったよ」

その人は北日本索道でもベテランの部類に入る作業員だった。ある日、山で伐採作業をしていると落ちてきた枝が地面で跳ね返り、その人に向かって跳んだのである。

「そんな太い枝じゃなかったな。ひょいって上がってその人の頭さコツンと当たったんだ。いや頭さ直接じゃねえよ、被っているヘルメットにコツンってさ」

衝撃を受けるほどでもなく、もちろん大怪我をする訳もない。しかし彼は後ろへゆっくりと座り込んだ。そのまま全身から力が抜け、眠るように倒れたのである。

「何が何だか訳が分からねえのさ。そのまんま死んでしまって、どこにも怪我一つしてねえのに」

死因は不明で、警察も来て現場検証も行われたが事件でも事故でもないと結論づけられた。

この後、通夜や葬式の場で生前の彼の奇妙な行動が明らかになった。

「いや亡くなる前の日になあ、親戚と温泉に行ったんだと。そうしたら風呂の中で〝こうしてお前と風呂さ入るのは最後だべ〟って言い出したらしいんだ。それから次の日な、朝、作業場さ入って、その人が自分の荷物とか道具をきちんと片づけてるんだよ。そんなことなんて普段全然しない人がなあ。それ見てた人方《ひとがた》は、何やってるんだって不思議に思ったらしいよ」

最後の片づけから数時間後、彼はこの世を去った。恐らく彼は事前に死期を悟ってしまったのだろう。為す術はなく、あとは目前に迫ったその瞬間を待つしかなかった。ヘルメットに当たった枝、コツンという音がそのサインだったのかも知れない。

入りたかった温泉

　秋田県南部には秘湯の風情溢れる温泉が点在する。渓谷から噴気が上がる小安峡《おやすきょう》の近所で育った佐藤昌子さんの話。

「父は川向こうの山の中に光を見ています」

　話を聞くと、それは〝狐の嫁入り〟と同じ現象のようだ。ぽつぽつと光が列になって山の中に現れるが、今はほとんど見られないのも全国的な傾向である。

「昔はよく見えたけど、今はまったく見ないなあ」

　これも全国的に聞く言葉だ。電灯や車のライトが明るいから見えなくなったと誰もが異口同音に言う。それもあるだろうが、一番の原因は恐らく人が山の闇へ目を向けなくなったからではないだろうか。

「三十歳くらいの頃に従兄弟《いとこ》と二人でトンビマイタケを採りに行ったことがあるんです。いつも入る山なんですが、突然自分たちがどこにいるのかが分からなくなったんです」

奥山ではあるがキノコ採りで慣れた場所である。天候も悪くなく、二人にも疲れはない。

「全然分からなくなって困った状態だったんです。それで〝ふだらく〟を唱えたんですよ」

「〝ふだらく〟……ですか？　それはいったい？」

〝ふだらく〟とは地元ではご詠歌のことらしい。その〝ふだらく〟を一心に唱えていると、鬱蒼《うっそう》とした森の中に一際《ひときわ》大きな木の姿が現れた。

「いつも目印にしていた木なんですよ。それがね、すぐ目の前にぽっと浮かんだんです」

山の中で突然前後不覚に陥る話は度々聞いたことがある。そんな時の脱出法として、タバコを一服吸うと目の前が開けたとか、般若心経を唱えたら助かったというのと同じ類《たぐ》いなのだろうか。パニックになれば目の前の物すら見えなくなる。だから落ち着くことが最も重要だと多くの山人から聞いた。

＊

佐藤昌子さんが住む集落から一山越えた所にある温泉宿の若女将《おかみ》から聞いた話。

「ここは三百年以上続く湯治宿なんですよ。不思議なことですか？　私はあまり不思議な経験はありませんねえ」

長い歴史を持つ宿ならば数え切れないくらい多くの人が泊まったはずである。そのような人から話を聞いたことがないか尋ねると……。

「ああ、そういえばお爺さんがいるって言われたことがあります」

数日泊まっている湯治客が、若女将に少し遠慮がちにこう言った。

「お爺さんが廊下を歩いているけど……ほら、そこの所」

言われて顔を向けたが、若女将にはただ薄暗い廊下が続いているだけである。この客はいわゆる見える体質らしい。どのようなお爺さんか気になったので、その客に尋ねてもらった。

「そのお爺さんはここによく来ていた人らしいんですよ。もう亡くなったんですが、死ぬ前にもう一度ここの風呂に入りたいと思っていたそうなんです」

死んでから慣れ親しんだ温泉に入りに来たのか。さすがは名湯としての誉れ高い湯治宿である。このように不特定多数が集まる宿泊施設にはいろいろと寄ってくるものらしい。

見つけてください——栗駒山

秋田・宮城・岩手の三県に跨る栗駒山は広葉樹の森が広がる気持ちの良い山だ。秋田県側には大噴湯で知られる小安渓温泉があり、宮城県側にも温泉地が点在している。その中でランプの宿として有名なのが湯浜《ゆばま》温泉の三浦旅館である。その主《あるじ》、三浦治さんに話を聞いた。

「小学校に入るまではここで過ごしましたよ。小さい頃は女の人を時々見ましたね。夜来るんですよ、ここへ」

人里から遠く離れた山の中の一軒屋に時々顔を出すその女性は、この世の者ではなかった。その昔から山越えで各地へと向かう人が通る場所でもある。何があったのかは分からないが、宿を目前にして行き倒れた人も少なからずいて、その人たちが顔を出すのだと三浦少年は感じていた。

「ここまで来れば助かったんでしょうがねえ。可哀想なんですけど」

現在、ランプの宿のすぐ前は栗駒山への登山道の一つになっている。

*

三浦さんはつい最近までマタギとして山々を駆け巡っていた生粋《きっすい》の山人である。父、祖父もマタギで、特に祖父は周囲のマタギを統率するシカリだった。そのようなマタギ家系に育った三浦さんは、ある猟期に不思議な体験をしている。

「仲間たちと六人くらいだったかなあ、山へ入ったんですよ。歩いていたら何かがコロコロ足元に落ちてきたんです」

三浦さんが目にしたのはヘルメットである。それは作業員が被るタイプで、山仕事やキノコ採りの人もよく使用していたどこにでも売っている安価な代物だ。三浦さんは足元からヘルメットを拾い上げるとしげしげと眺めた。どこにも名前らしい物は見当たらず、持ち帰る必要もないだろうと思い、手近な枯れ木の枝へ引っ掛けた。

「それで歩き始めたら、またすぐに何かがコロコロって足元に来たんですよ。えって見たら、それがさっきのヘルメットなんです」

三浦さんは思わず今し方ヘルメットを掛けた枯れ木を振り返る。あれほどしっかりと掛けたはずなのに、そこには何もない。

「何だこれは、って思いましたよ。絶対外れるはずがないんですから。それで後ろにいた仲間に聞きましたね、〝おかしいよね？　これ〟って」

ふたたび拾い上げたヘルメットを手にした三浦さんはその意味を察知する。

「同じ方向から転がってきたんですよ。ああ、この転がる先に〝いる〟んだろうなあと思いました」

そこで三浦さんが仲間に頼んで見てきてもらうと、やはり彼はそこにいた。それから警察も来て山の中はしばし賑やかになる。検死の結果は死後三年ほど経過していたそうである。

＊

ある晩、三浦さんは気になる夢を見た。知っている林道の奥に何かがある。それが何かまではよく見えないが、非常に嫌な感じがした。とてもそのままにはしておけない。そう感じ翌朝、駐在所に電話を掛けると、心当たりのある場所を伝えた。少し変だから見に行ってくれと頼んだのである。

しばらくして現地へ向かった警察官は、練炭を使って命を絶った骸《むくろ》を見つけた。

＊

　またある夜、湯浜峠付近を車で走っていると急に熱気を感じた。いきなり暑さを感じるような場所でも気候でもない。それは何とも嫌な感じで体の奥へと入り込む。こういう時はきっと何かがある。

　そこでまたも翌朝駐在所に電話を掛けて、峠付近に何か変わったことがあるはずだと伝えた。向かった警察官が辺りを調べると、焼身自殺をしたであろう遺体を発見したのである。

　三浦さんはいわゆる〝感じる人、見える人〟なのだろう。〝彼ら〟がその研ぎ澄まされた感覚に訴え、何らかのサインが送られるのだろう、自分を見つけてくれと。

不吉な笑い声

山の中でどうも嫌な感じがするというのは山人からよく聞く。その時には般若心経や〝ふだらく〟（ご詠歌）を唱えたりして難を逃れようとする。三浦さんも時々気持ちの悪い思いが急に込み上げることがあるそうだ。

「何か得体の知れないモノに見られているんでしょうねえ、凄く嫌な気持ちになって。少し前なんですが、沢で釣りをしていたら、笑い声が聞こえてきたんです、それも女性の」

自分しか入っていないはずの沢で突然聞こえてきた女性の笑い声。辺りをよく確認するが、それらしき人はどこにもいない。もちろん鳥や獣、木々のこすれる音とは違う。山で生まれ育った人が間違う訳がなく、明らかに女性の笑い声なのだ。こういう場合、三浦さんは釣りをやめて帰ることにしている。

「私が父親から言われたのはヤマネですね」
「ヤマネ？　あの冬眠の時に丸まっている奴ですか？」
「そうです。ヤマネが雪の中にぽつんと転がっていたら、それは不吉なことだから猟をやめろと言うんです」

本来の冬眠場所ではない雪の上にヤマネが転がっているのは良くない証《あか》し。これは小国町のマタギが幻の赤い椿の花を見た時と同じ意味合いがあるのだろう。

天気予報の精度も低く、また情報も少なかった時代、マタギたちは経験則や勘を頼りに身を守るしかなかった。その多くは、現代人からすれば馬鹿げたことと一笑に付されるかも知れない。しかし説明の付かないことだから、まったく出鱈目《でたらめ》で意味が無いとも思えないのである。

＊

感じる体質であり、かつベテラン山人の三浦さんでも、時としては奇妙な状況に入り込む。

「呼ばれたことはありますよ。十年くらい前に山菜採りに行った時です」

山人にとって山菜やキノコは貴重な食料であり収入源だ。特に宿を営む三浦さんにはお客さんに供する大切な食材でもある。いつものように籠《かご》を背負い、山菜を採りながら山の中を移動していると知らない女性に会った。

「その人がこっちのほうが良い山菜がたくさんありますよって教えてくれたんです」

山菜やキノコのある場所を見ず知らずの人に積極的に教えることなど普通はない。しかし三浦さんはその女性に言われるままについていってしまった。

「途中からどこにいるかがよく分からなくなって、結局十五キロも離れた所まで行ってたんですよ。あれは呼ばれたんでしょうね」

もちろん女性の姿などどこにもなかった。その女性がいつからいなくなったのかも定かではない。

何が光を見せるのか？

山の夜は暗い。暗ければ暗いほど微《かす》かな明かりにも目が向くのは当然だ。しかしそれがあり得ないほどの明るさとなるとどうだろうか。強い恐怖を感じ逃げ出した人は多いのである。

秋田県旧西成瀬村（現横手市）でペンションを営む半田克二郎さんは、栗駒国定公園の管理人でもある山の知識が豊富な人だ。ある部分では地元民よりも近隣の山々を熟知しているが、生まれは九州の山間部である。

「私の兄が高校生の頃に血相変えて家に飛び込んできたことがあったんですよ。兄はもの凄く剛胆な性格で、怖いなんて感じるような人じゃなかったんです」

心身ともに強健で何にも臆することのない兄が、初めて見せる狼狽《ろうばい》ぶりである。いったい何があったのか話を聞いて驚いた。

「午後八時過ぎで辺りは真っ暗なんですよ。いつもの帰り道を歩いていたら、山のほうが何か明るくなっていたらしいんです」

暗い山の中がなぜかぼおっと明るくなっている。何だろうと思って目をこらして見ると、それが段々と大きくなるのが分かった。これはひょっとして山火事じゃないのか？　それなら大変だ。事の次第を見極めるべく立ち止まってその方角を注視していると、妙なことが起こった。

「段々近づいてきたんですよ、光が。いや正確にいうと光じゃないんですよね。こう空気そのものが赤くなってきたそうですよ」

向こうの山に見えていたはずの〝山火事〟が段々と近づいてくる。そして燃料に一気に火がついたように、兄の周りの空気がばああっと赤くなったのだ。一瞬、光の中に飲み込まれた兄が次に目にしたのは、跳び去っていく赤い塊である。何が何だか訳が分からない兄は駆け出すと家に飛び込み、弟に顚末《てんまつ》を語った。

「幽霊なんていてもまったく気にしないような人でしたからねえ。私も驚きましたよ。現場まで一緒に行って辺りを探しました」

この出来事は以前秋田県の阿仁で聞いた話とよく似ている。飛んできた光が自分をまるでスポットライトのように照らしたかと思うと、しゅんと飛び去ったのだ。また長野県の秋山郷では上の集落が赤々と光を発した。この光景に下の集落の人たちは火事が起こったと騒ぎになったこともある。克二郎さんの兄の体験はまさにこれらを合わせたような話だ。

＊

克二郎さんは子供の頃火の玉を見たことがある。近所の子供たちと夕方遊んでいると、年長の子が前を指さして言った。

「あそこに火の玉の飛んどる！」

目を向けると、そこには赤っぽいオレンジ色の光体がゆらゆらと彷徨《さまよ》うのが見えた。

「火の玉いう言葉は知っていましたから、ああ、あれがそうなのかと思いましたね。別に何とも感じなかったんですが、みんながきゃーきゃー言って逃げ出したんです。それで怖くなって私も逃げました」

＊

数年後、今度は家の中で不思議な光と遭遇する。

「あれは夜遅くでしたかねえ。部屋にいたら少しずつ明るくなってきたんですよ。あれ？　何だろうなあ思って窓を見たんです」

　窓の外にはいつものように楠《くすのき》の大木が見える。夜中のことで辺りは真っ暗、しかし静まりかえった闇の中で不思議な明るさがどんどん成長するのが分かった。

「ガラスの向こう側が徐々に明るくなっていくんです。それが凄く明るくなって楠の葉っぱ一枚一枚がはっきりと見えるんです」

　あり得ない出来事に飛び起きると、急いで窓を開けた。しかし……。

「何もないんです。いつものままなんですね。どこにも明かりなんてなくて真っ暗」

　窓の方向に道路も無く、何らかの光が夜中に差し込むこともないのだ。強烈な光は上部から差し込んできたそうで、その正体は結局分からないままである。

山で出会うモノ

克二郎さんは一人で山へ入ることが多い。そのような時には正体不明のモノに遭遇する場合が珍しくない。

「あれは五、六年前でしたかねえ。山へ向かう道を車で走っていたんです。前にも一台走る車があったんですが、ちょうどそのすぐ後ろを蛇が横断したんですよ」

山道で蛇がにょろにょろと這い出てくるのは珍しくはない。しかし、その時の蛇は明らかに姿が妙だった。

「あれ？　蛇だよなあとは思ったんですが、真ん中から後ろのほうがやたら太いんです。普通じゃなかったですねえ、あれがバチヘビいうもんじゃないんでしょうかねえ」

バチヘビ、つまりツチノコである。このツチノコに関してはさまざまな説がある。

〝マムシがネズミを飲み込んだ〟

〝ヤマカガシがウサギを飲み込んだ〟

〝アオダイショウが何かを飲み込んだ〟

獲物を飲み込んで胴体が膨らんだだけだというのだが、果たしてそれがすべてなのだろうか。

各地にはいわゆるツチノコなる生き物が多くの地方名で呼ばれている。蛇を見慣れた山の民がマムシ、ヤマカガシ、アオダイショウという名称を使わない理由があるとも思えるが。

＊

克二郎さんに話を戻す。

「父親は山菜採りに行って話しかけられたことがあるって言ってましたね」

ある日克二郎さんのお父さんが一生懸命に山菜を採っていると……。

「いやあ、○×××□でねえか××△……」

よく聞き取れないが、誰かが声をかけてきたんだと思い顔を上げる。辺りを伺うが人の気配は無い。気のせいかと思い、ふたたび腰をかがめて山菜を採っていると……。

「おい、はれ○△××でら△さあ……」

やっぱり知り合いが来たんだなと思い、辺りをよく探してみたがやはり誰もいない。これが何回か繰り返され、何とも嫌な気持ちになったお父さんはすぐに山を下りたそうだ。

＊

克二郎さんも登山中に奇妙な人に出会ったことがある。山のなだらかな稜線を歩いていると、向こうから一人の男が下りてくるのに気がついた。平日のことでもあり、すれ違う人は滅多にないが、別段不思議でもない。ただ何となく胸騒ぎがする、そんな相手だった。すれ違う時に軽く会釈をしたが相手は無反応。おかしな奴だなと気になり、後ろを振り向いたが誰もいなかった。

＊

最後に克二郎さんが面白い火の玉の話をしてくれた。

「この地区で葬式があったんですよ。霊柩車が来て、みんなが見送る中で出棺になったんです。しばらくして霊柩車が走り出したら、その後を火の玉が追いかけるように飛ぶんですよ。そこに何人もいましたがみんな見てました。〝あれ、あれ。火の玉が追いかけてる〞ってね」

これは日中の明るい時間帯だったそうだ。みんなが見たというのだから、かなりの明るさだったのだろう。しかし霊柩車に乗り遅れた火の玉（魂？）も、さぞかし焦ったに違いない。

子狐

秋田県南部では北部よりも狐火や狐に関する話が相対的に少ないようである。そんな数少ない狐話を東成瀬村の婆たちに聞いた。

「あれは二十年以上前の話じゃねえのか。集落の神社の近くに住む人がおらんようになったの」

当時七十歳だった男性の姿が見えなくなった。集落が大騒ぎとなり、消防団を中心に捜索隊が結成されたが、まったく見つからない。

「その人トンビマイタケを採りに山へ入ったらしいから、大体の場所は分かるのよ。でもどこにもいないの」

山菜やキノコを採る場所は皆ある程度知っているから、そこを中心に探すが手掛かり一つない。そうこうするうちに三日が過ぎ、集落では諦めムードが漂い始めた。

「水沢のほうに抜ける道（冬季閉鎖）があるんだけど、県境のトンネルの上の山へ入ったらしいのね。凄く険しい所なのよ。普通そんな所には入らないんだけどね」

彼が見つかったのはまったく予想外、岩手県側の沢沿いである。惚けたように座り込んでいるところを偶然山仕事の人に発見されたのだ。なぜそのような所に行ったのか、彼はまったく答えられなかったそうである。

「あれはね、狐にやられたの。あの人は狐の子供を家さ飼ってたからね」

「狐の子ですか？」

「そう、捕まえた子狐を庭で飼ってたのよ」

婆たちの話では、彼が山で捕まえた子狐を庭の檻の中で飼っていたそうである。決して虐《いじ》めていた訳ではない。もちろん違法ではあるが育てていたようだ。なぜそれで狐にやられたのだろうか？

「庭の檻の中にいる子供の所さ毎晩親狐が会いに来てたのよ。何とか助けようとしてたんじゃねえの。だからそんなことしないほうがいいって言ってたんだよ、周りの人方は」

囚われの身である子狐のもとに毎晩親が来ていたのだ。そしてある日、檻から子狐の姿が消えていた。彼の姿が見えなくなったのは数日してからである。

「あれはね、狐が道でない所を道に見せて連れて歩いたんだよ。その人？　いやあ認知症なんかじゃなかったねえ。しっかりした人だったから、やっぱり狐のせいよ」

子狐を捕らわれた親の復讐だと近所の人は感じた。命まで取られなかったのは餌をきちんとやっていたことへの感謝だったのかも知れない。

穴から出てくる人

東成瀬村には阿仁マタギから伝統の熊猟を受け継いだ人たちがいる。そんなベテラン猟師高橋憲蔵さんに話を聞いた。

「何回山さ入っても捕れない熊はいますねえ。上手く追いつめたと思っても逃げられる。そういうのはズルイ熊というんですよ。火の玉はうちの女房がよく見ていますね。〝うわ〜ん〟いう音さ立てて飛ぶそうです」

地域により火の玉は色や大きさに差があるが、音を出すのは少数派である。

*

憲蔵さんの父親は、誰もいないはずの山で、マサカリを使って木を切り倒す音を聞いている。

「それはムジナの仕業だ言いよりましたねえ。あれは俺を騙しにきたんだと親父が言ってましたよ。この辺りでも狐に騙されて井戸に入った人は何人かいますね」

実際に憲蔵さんは井戸から人を引き上げたことがあるそうだ。その人は自分の家の風呂に入っているつもりだったらしい。

「あれが冬だったら恐らく死んでいたと思いますよ」

狐に騙されて池や川、肥溜めに入り込んだ人の話は各地で聞くことが出来る。多くの場合は酔っぱらいが関係するが、すべてがそれで説明出来るとも限らない。

＊

羽後町に住む武田昭雄さんは、家の回りを熊がうろつくような環境で育ってきた。やはり狐に騙されるのが怖いと子供の頃は注意していたそうだ。

「あれは中学生の頃でしたねえ。学校からの帰り道が山の中なんですけど、そこにお宮があったんです。暗いとそこは怖いんですよ、だからあんまり見ないようにしながら歩くんです」

それは秋のことである。時刻は午後八時過ぎで辺りは真っ暗。家路を急ぐ昭雄少年は、いつものようにお宮のある曲がり角の所では目を伏せながら歩いていた。

しかし……。

「通り過ぎてから、なぜか分からないんですが振り向いたんです。いつもはそんなことしませんよ、怖いから」

何かに操られように体が反転すると、暗闇に目が吸い寄せられた。そこにはオレンジ色の光の塊がお宮全体を包んでいる。

「もう恐ろしくて家に走って帰りました。学校では誰にも話せませんでしたね、怖すぎて。そのお宮のそばに墓場があるんですが、そこから出てきた人がいるんですよ」

「墓場から出てくるんですか？」

「そうなんですよ。死んだんで埋められたお爺さんがいたんです。でも生きてたみたいで出てきたんですね」

「ああ、埋葬の途中で周りが気がついたんですね？」

「違います。墓場から自分一人で出てきたんです」

ほぼゾンビである。これに夜出会ったら腰を抜かすくらいでは済みそうにない。

ワープする爺

　青森県鰺《あじ》ヶ沢《さわ》町の一ツ森の吉川隆さんは、世界遺産白神山地周辺を代々猟場にしてきたマタギである。若い頃は寒マタギでカモシカを、春マタギで熊を仕留めてきた。現在は農業の傍ら熊ノ湯という温泉施設を運営している。

「一番多いときは百四十人くれえ猟をする人はいたなあ。今か？　今は二十人くれえじゃねえか。俺がいた集落は土石流で流されて消えたんだ。大勢人が死んだよ」

　昭和二十年の春先、山の一部が崩落して川をせき止めた。普段なら雪解け水が蕩々《とうとう》と流れるはずの川を眺めて村人は訝《いぶか》ったが、それからしばらくして大規模な土石流が大然《おおじかり》の集落を一気に押し流してしまったのである。家も田畑も家族も亡くし生き残った人は、少し下流に集落を再建した。しかし生活は厳しく経済的にはどん底状態へと落とされた。吉川さんも学校どころではなく、小さな兄弟たちの面倒を見ながらの大変な子供時代を過ごしたのである。

「一ツ森の山のほうにぱーっと火の玉が飛んだのは見たことがあるよ。夜中だったなあ、車に乗ってたんだ。家族全員で見たよ、何だ、何だって。大きさはソフトボールより少し大きいくらいで明るいオレンジ色だったな。次の日、隣の婆さんが死んだんだ」

*

三十年ほど前のことである。吉川さんは地域の除雪作業に従事していた。豪雪地帯では特に夜中の除雪作業が欠かせない。朝から誰もが車を使うため、それまでに作業を済ませなければならないからだ。

「あれは午前二時半頃だったな。真夜中よ、山の中もなあ、このくらいの時刻になると急にしんとするんだよ。不思議なくらいに静かになるんだ」

まさに〝草木も眠る丑三つ時〟である。

「集落の手前で除雪作業をしてたんだ。バックするんで後ろ見たら爺さんがいるんだよ。危ないな、こんな所で何やってんだって思ったよ」

ぶつぶつ文句を言いながら慎重にバックして、ふたたび前進させると慌ててブレーキを踏んだ。

除雪車の前には一人の老人が歩いているのだ。おかしい、誰も歩いてはいなかったはずなのに。

「どこから出たんだ、この爺さんは……」

ふと気になって後ろを振り向くと、先ほどの爺さんの姿が無い。ほんの三秒ほどの間に除雪車の後ろから前に移動しているのだ。

「そんな馬鹿なと思って雪の中をとぼとぼ歩く爺さんを見たんだ。何か変なんだよ。そのうちにいなくなったんだけど、次の集落に入ったら婆さんたちが五、六人集まってるんだ」

何事かと除雪車を降りて話を聞くと、今し方集落の爺さんが死んだと言うのである。それを聞いて吉川さんは悟った、さっきの爺さんに違いないと。

「いや、思い出したんだよ、爺さんが歩く姿を。何か変だなと思った理由もはっきりと分かったんだ。除雪前の道なのに足跡が無いんだ。爺さんが歩いてるのに足跡が付かないんだよ」

吉川さんは急に恐ろしくなった。またあの爺さんが現れたらどうしよう。そこで作業を中断すると除雪車の中で辺りが明るくなるの待つことにしたのである。

消えないテレビ

もともと勘の鋭い吉川さんは、二十歳頃から特によく感じるようになったそうだ。

「親父が亡くなった時にもあったなあ。そん時は一人で留守番をしてたんだ」

長かった冬が去り、ようやく暖かな日が差し始めた頃である。居間に座っていると玄関の戸が〝ガラガラガラ〟っと開く音が聞こえた。誰か来たのかと思い耳を澄ます。

「玄関で靴脱いで上がってくるんだ。それで廊下をずかずか歩いてきてな、誰だべって見たら親父なんだよ。もうかなり暖かくなってんだけど、何でか真冬の格好なんだ。分厚いオーバー着てるんだ。それ見てああ、親父は死んだんだなと分かったよ」

父の姿が見えなくなると同時に電話が鳴った。病院にいる家族からの知らせだった。

＊

近い親戚が亡くなった時はしばらく家の中で奇妙な現象が続いたそうである。その方は若くして旅立たれたが、野辺の送りをして数日後……。

「みんなで居間でテレビ見てたのよ。そろそろ寝るべってテレビ消して居間を出ようとしたんだ。そうしたら消したはずのテレビがぱってつくんだよ」

驚きながらもリモコンのスイッチを手に取り電源を切った。

「でもよ、何度消してもＮＨＫがつくんだよ。それで思ったんだ、〝あれ〟が見せたいんだろうなあってな」

〝あれ〟とは若くして亡くなった親戚である。実はその方はＮＨＫの職員だった。だから吉川さんはＮＨＫを見せたくて電源を入れるのだろうと思ったのである。実際に何度も独りでにＮＨＫがつき、気づいた家族が消すという作業がしばらく繰り返された。

「いやあ、コンセント抜けばいいだどもなあ、見せたくてやってるんだろうからそれは出来なかったな」

そのうちに〝勝手にＮＨＫ〟はなくなったが、吉川さんは少し残念でもある。

騒ぐ木々

吉川さんはベテランマタギとして山の中で数々の経験をしてきた。常に山の神を敬いながら日々生活をしている。

「山に行くとな、急に首筋の毛が逆立つような場合があるんだ。そんな時はこう〝××××〟って口の中さで言うんだよ」

「アビラウンケンソワカですか？」

「いや、違う。それは阿仁マタギが唱えるやつだろ。俺たちは違うんだ、呪文とも真言とも違ってなあ」

これはマタギの山言葉で唱えられる文言で、部外者には教えられないのだ。祝詞《のりと》のような感じらしい。もちろん私は部外者なので訊くことはしなかった。

＊

「大蛇はいるよ。林道走ってたら前に丸太があるんだ。誰だべこんな所さ丸太置いて……って見たらそれが動くんだよ」

林道の幅が約四メートル、そこに横たわる蛇はどっちが頭か尻尾か分からなかった。同じような例は各地で聞くことが出来たが、やはり四メートル以上の大蛇だと見た人は口にしている。

＊

「猟友会でウサギ狩りした時に、仲間の一人が出てきた狐を撃ってしまったことがあんだ。こりゃあ、まずいなあ。何かあるんでねべかって心配になってな」

みんなが嫌な気持ちになり、急遽《きゅうきょ》ウサギ狩りを中断して帰ることにした。その帰り道……。

「踏切があってそこを渡ってたんだ。そうしたら一台が真ん中で急に動かなくなってな」

タイヤがはまり込んだ訳でもないのに線路のど真ん中でエンストしている軽トラ。それは先ほど狐を撃った仲間の車である。

「エンジンは掛からないしおかしいんだよ。軽トラなんて軽いもんなのに、二人で押しても動かねえんだ。それでみんな集まってきて必死で押し出したよ。こういうのは狐の仕業なのかなあ」

＊

山仕事をする時にもやはり手を合わせて山の神に祈りを捧げることは珍しくない。木を切る前にどうしてもそうしたくなる場合があるのだ。

「それでも三つ股の木は切らねえなあ。ああいう木は切っちゃ駄目なんだ。しっぺ返しを食らうからよ」

三つ股の木は神宿る存在か、はたまた魔のモノなのか。

＊

木を切る時に急に森が騒ぎ出すことがある。それは狙いを定めて斧《おの》を振るった時だ。

「〝かん〟って木に斧さ入れるべ。そうしたら風も無くて静かだったのに〝ざわざわざわざわ〟って森が騒ぐんだよ。〝次は誰だ？　俺が切られる番か〟そんな感じなんだな」

やはり木も切られるよりは山でのんびりと過ごしたいのかも知れない。

白神山地近辺

弘前《ひろさき》市に住む山田兼博さんは長年山と親しんできた。自然遺産に指定される以前から白神山地で山菜やキノコを採り、山の中で夜を明かすことも珍しくはなかった。今はガイド役を務め、世界遺産を案内する立場でもある。

「私は碇ヶ関の出身なんですよ。家は山の中でね、小学校の時に不思議な光を見ましたよ」

ちょうど家の外に兼博さんが出ていると、向こうの山のほうに光が見えた。それは何とも妙な光である。遠いのか近いのかはっきりとしない。

「車もほとんど走ってない時代でしたからねえ。まあ明らかに車のライトじゃなかったですがねえ。実に不思議な光でしたよ。近所の家の屋根から〝ばあああっ〟って光の柱が立ったこともありましたねえ」

このように光り物に縁がある兼博さんが白神山地の最深部で見たモノは少し違ったらしい。そこは日帰りが不可能な場所で野営をするのだが、それがまた楽しかったそうだ。

*

「夜中の十二時過ぎだったかなあ、凄く天気の良い日で星が凄かったんですよ」

満天の星、素晴らしい夜空からは本当に星が降ってきそうに感じた。しばらく星空を楽しんでいると、妙な動きをする星に気がついた。

「最初は流星かなと思ったんですよ。でもね流星ならすーっと流れるじゃないですか。それは縦に動いたり横に動いたり変な動きをするんですよ」

不規則な動きは典型的なＵＦＯの特長である。実は私も二十年ほど前に西オーストラリアで見たことがあった。その時は真っ昼間だったが、動き方は兼博さんが見た物体とまったく同じである。ＵＦＯとは何もタコみたいな宇宙人が乗った円盤のことではない。あくまでも未確認飛行物体、つまり何かは分からない空飛ぶ物体なのだ。そう考えると毎度お馴染みの狐火もＵＦＯといえなくもないだろう。

＊

兼博さんはもう一つ光の話をしてくれた。祖父が六十代後半の頃の出来事だ。

「爺ちゃんが街へ飲みに出掛けたんですよ。いつもそんなに遅くはならないのに、その日はいつまで経っても帰ってこない。これは大変だって家族で探したんです」

山のほうへ行ったに違いないとそちらを探すが姿が見えない。さんざん探したが見つからず、明朝に本格的な山狩りをする必要があるのかと思い始めたが。

「たまたまお宮に行った人がいて、そこに寝ていた爺ちゃんを見つけてくれたんです。そこは帰り道とは反対方向なんですよ。何でそんな所に行ったのか訊いたら……」

〝誰かが明かりを点《つ》けてくれて、その明かりについていったんだ〟

心配して探し回っていた家族は誰もその話を信じない。

「また爺ちゃんはそんな嘘ばかり言ってと怒りましたよ」

＊

それから二十年近く経ち、後期高齢者となった爺ちゃんがふたたび行方不明になった。若干認知症気味でもあるから大変心配して探したがどこにもいない。その時ふと思い出したのが例の出来事である。

「そういえば爺ちゃんはあの時、お宮におったなあ」

半信半疑で家族がそのお宮へ行くと、やっぱり爺ちゃんは中で寝ていたのである。

この爺ちゃんは山に大変詳しく、山の先生といえるような人だったそうだ。

このように光に導かれた話は四国でも聞いたことがある。暗闇で自分の足元を照らす光に連れられてとんでもない場所まで行ってしまう。山中ではそう珍しくない出来事である。

*

兼博さんに光以外にも何か妙な経験があるか尋ねると……。

「音はありますよ。まあ正体は分かっているんですがね、カモシカなんです」

「カモシカですか?」

「そう、あれは山菜採りに行った時ですね。森の中でミズ(山菜)を採っていたんです。そうしたら急にね、〝バンバンバンバンバンッ!〟って凄い音、森中に響く凄い音がし始めてね」

辺り一面に響く大音響。

〝バンバンバンバンッ！〟

体にも響くくらいの音量に兼博さんは恐ろしくなった。あまりのことに必死で車まで戻ると、一目散にその山から逃げ出したのである。

「それがカモシカなんですか？」

「そう、カモシカは後ろ足でバンバン地面を蹴りつける習性があるんです」

「カモシカの姿は見たんですか？」

「いいや、見てません。でも見なくてもそれがカモシカだってことは分かります」

カモシカだとはっきり分かっているなら、なぜ必死になって逃げ出す必要があるのだろうか。辺り一面に響き渡り恐怖を感じさせるほどの大音響は、本当にカモシカのなせる業《わざ》だったのか。

これが秋田県なら狸の仕業だと考える人が多い。実際に秋田県南部の旧皆瀬村では山の中で突然〝バンッ〟っと大きな音がすることがある。それは狸が人を驚かしているのだと地元の人は考えているのだ。

謎の血痕

現在群馬県片品《かたしな》村でペンションを経営するA子さんは中学生の頃、岩木山麓の青森県西目屋《にしめや》村に住んでいた。集落の一番どん詰まりの家から上には道が無く、ほぼ山の中に住んでいる感覚だったそうだ。

「あれは中学二年生の時だったと思います。テスト前だったかなあ、勉強をしていたんですよ」

静まりかえった家の中に時折木々のざわめきが入り込んでくる。そんないつもの夜だった。ノートと教科書を広げた机からA子さんは顔を上げると、何気なく周りに目をやった。そしてふたたび教科書に目を落として驚いた。

「血なんですよ。血がぼとって教科書に落ちてるんです」

真新しい血痕は不気味な光を放っている。A子さんは驚いて立ち上がると、すぐに鏡の前へ向かった。

「鼻血が出たかと思ったんです。でもいくら見てもまったくそんな感じはなかったですね」

両方の鼻の穴を入念に調べたが出血は確認できない。顔の周りや頭も調べたが、やはりそれらしい場所は無かった。

「怖くなったんで教科書を持って親の所に行ったんですよ。でもそれを見せても信じてくれないんです」

勉強が嫌になってまたそんなことでも言い出したのかと、親はまったく相手にしてくれない。態度が変わったのは翌朝のことだ。

「叔父さんが死んだって連絡が入ったんです。事故死だったんですが、その時間って血が教科書に落ちた時とほぼ同じで。それが分かったら親も〝ああ、あれは知らせに来たんだな〟って言い出しました」

叔父さんがなぜ姪っ子にだけ知らせたのかはよく分からない。

消えた馬頭観音

津軽平野から望む岩木山は実に雄大である。霊峰として古くから信仰の対象であり、山菜やキノコの宝庫でもある。その麓にある岩木山神社横の旅館で女将の坂本桂子さんに話を聞いた。

「ここら辺りは〝オシラサマ〟っていうの、下北の〝イタコ〟と同じで仏おろしをしてもらうんですよ」

下北半島の恐山《おそれざん》では大祭時、イタコが口寄せをすることで全国的に有名である。普段から恐山菩提寺にイタコが常駐していると勘違いされるが、イタコのほとんどは津軽地方に住んでいるのだ。同じように口寄せ（仏おろし）をしても、恐山に行ってやる人はイタコ、地元津軽でやる人はオシラサマなのである。

「オシラサマ呼んで父の仏おろしをしてもらったことがあってね。そうしたらお金が無くて困っているから寺にお金を納めてくれ、寒いから着る物をたくさん持ってきてくれって言うのよ」

桂子さんは親戚と相談すると、旦那寺（菩提寺）へ幾ばくかのお金と衣類を詰め込んだ袋を持っていった。しかし寺には誰もおらず、しょうがないので本堂の前に書き置きとともに供物を置いてきたのである。

「納めにいってどれくらい経ってからかねえ、お寺から手紙が来てね」

何事かと思い封を切って中を確かめると……。

〝確かにお金はお納めしました。衣類は受け取れないので引き取りにきてください〟

仏は寒いと訴えていたのに何か釈然としない返答である。

＊

旅館清明館は、売りに出ていた旅館を桂子さんの母親が買い取り営業を始めた。岩木山神社入口のすぐそばで、温泉もある。昔は大変に賑わったそうで、旧館の三階にある大広間は宴会場として使われた。その大広間横の廊下には、ケースに入った馬頭観音がなぜか置いてあった。

「いつからあるのかはよく分からないけど、我が家は三代続く午年《うまどし》の当主だからかねえ」

その由来不明の馬頭観音がいつの間にか姿を消したことがある。ある日、大広間の掃除を済ませて廊下へ出ると、何気なく馬頭観音に目をやった。

「無いんですよ、馬頭観音が。普段からほとんど見ることがないから、いったいいつから無いのかよく分からなくてね」

あまり意識をしていなかった馬頭観音だが、無くなると気に掛かる。しかし時間の経過とともに結局馬頭観音のことも忘れてしまったが……。

「ある日ね、知らない人がうちに来たの。その人が一升瓶を差し出して謝るんだけど、何だかよく分からなくてね」

見知らぬ男が差し出したのは、一升瓶と丁寧に包まれた何かの塊だった。中から現れたのはあの馬頭観音である。

「その人宴会のお客さんだったのね。それで廊下に置いてある馬頭観音を見て勝手に持っていったんだって」

酔っぱらった勢いか、その男は馬頭観音を隠して持ち帰り、自分の家に飾ったのである。ところがそれ以来男のやることなすこと、悉《ことごと》く上手くいかない。それに加えて家族に不幸が立て続けに起きるのである。さすがに参った男は近くの寺に相談に行った。

〝あんたの所に何か障りがある、それをきちんと処分しなさい〟

和尚《おしょう》にそう言われて真っ先に浮かんだのは盗んだ馬頭観音である。男は和尚に事実を伝え、すぐに返せと助言されたという訳だ。馬頭観音は無事に旅館に戻り、そしていつもの場所に鎮座しているのである。

寂しがりやの魂

旅館にはさまざまな人がやって来る。時には不思議な力を持った人も。

「息子の仕事の関係で沖縄からユタが来て泊まったことがあるの。その人は沖縄でも有名なかなり力のある人だったらしいの」

津軽の或る会社が、そのユタの力で商売繁盛を願うために呼んだ沖縄の実力者である。そのユタは、近所の店で入口に置かれた墓石のような物に目を付けた。彼女が言うには、これを丁寧に扱えばこの店は商売が大変上手くいくと忠告したのである。ユタの言う通りにすると、その店は周りが驚くほどの繁盛ぶりとなったそうだ。

「その人、見えるんだよね。うちに泊まったんだけど、廊下を見ながら〝そこにお婆さんが歩いている。着物を引きずって歩いている〟って言い出すの」

ユタが見たその老婆の特長は桂子さんの祖母に違いなかった。それを聞いて桂子さんの母親は震え上がったのである。

「だって、見えないのにそこにいるって言われたら怖いじゃないですか」

　確かに見えないモノの存在は怖い。しかしこの後、もっと怖いことが起こるのである。

＊

　桂子さんが四十二歳の時、夫が亡くなった。五十歳にもなっていない夫は、まだこの世に未練があったようである。

「水の音がするのよ。あれおかしいなあと思って流しを見るんだけど、流れてないの。でも一応堅く閉めたんだけど」

　部屋に戻り布団に入ると暗闇から音が聞こえてきた。

〝ぴちゃん、ぴちゃん〟

　しばらくその音を聞きながらじっとしていると、体が硬くなるのが分かった。自分の意思とは反して体を動かすことがまったく出来ない。そのうちに部屋の中に誰かが入ってくる気配がした。その誰かはそのまま近づいてくると布団の中にまで入ってきたのだ。

「もう怖くて怖くてねえ。旦那なのよ、それ。しょっちゅう来たんだよ、分かるの。

ああ、来るなって、体が動かなくなるからね」

　旦那さんはかなり寂しかったのか、桂子さん以外にも親戚中を訪問した。特に仲の良かった従兄弟たちは〝ぴちゃん、ぴちゃん〟という音を何度も聞き、明らかに誰かが来た気配を感じたのである。一番怖い目に遭ったのは桂子さんの母親、つまり旦那さんの義母だった。

「私はいなかったんですが、母が寝る準備をしていると水の音が聞こえてきたそうです」

〝ぴちゃん、ぴちゃん〟

　その意味をまだ母親は知らなかった。流しに行って確認したが水は一滴も垂れてはいない。変だと思いながら蛇口を再度閉めて部屋に戻った。

〝ガタガタガタガタガタッ！〟

　今度は突然部屋中が大きな音を立て始めたのだ。一瞬突風が吹き込んだのかとも思ったが、明らかに違う。尋常ならざる現象の真っただ中に母親はいることに愕然とした。

「もう恐ろしくて恐ろしくて、母は部屋から飛び出したのよ」

「どうしたんですか、それで？」

「その時たまたま一人だけお客さんが泊まっていてね、その部屋に逃げ込んだのよ」

飛び込まれた客もさぞ驚いたことだろう。震える母親は結局そこで朝を迎えたのである。

＊

死後頻繁に桂子さんの元を訪ねてきた旦那さんも、二年近くが過ぎるとほとんど現れることはなくなった。何度体験しても怖くてしょうがなかったと桂子さんは話してくれた。

「仲が良かったんですね」

「そう、仲は良かったけど怖かったよ。知り合いでやっぱり若くして亡くなった旦那がいたんだけど、尋ねたらまったく来ないって言うんだよ。私の部屋にはしょっちゅう来るって言ったら、〝うちは仲が悪かったから〟だって」

仲が悪ければ悪いで文句の一つでも言いそうなものではあるが。

火の玉を探す人たち

青森県の旧浪岡町（現青森市）には火の玉が出ることで有名な山がある。その名を梵珠山《ぼんじゅ》と言い、仏舎利が埋まっているとか源義経が逃げてきたとか多くの言い伝えがある山だ。標高四六八メートルの低山だが、平野にぽこんと突き出る形は昔から地元の人に愛されている。

この梵珠山では謎の光や火の玉が多く見られるという。特に八月中頃には毎年火の玉を探すツアーが開催されている。その梵珠山を幼い頃から生活の場としてきた後藤伸三さんの話。

「梵珠山全体が光ったのは見たことがありますよ。あれは平成三年の九月末でした。妻と倅《せがれ》と車に乗っていたんです。夕方でしたね。あれって気がついたら梵珠山が光ってるんですよ。金色に輝いているんですね」

「夕日があたってたのではないんですか？」

「いや、違います。山そのものが光ってるんですよ。夕日があたれば木の影は出来るでしょう。それが違う、山の中から光るもんだから影がまったく無いんです。三十分くらい家族全員で見てました。実に不思議な光でした」

知り合いの住職にこの出来事を話すと、

〝それは瑞光といって大変にありがたい光だ。かならず良いことがある〟

と言われた。実際に後藤家では、それ以来幸運なことが立て続けに起こったそうである。

＊

梵珠山は昔から火の玉の名所らしい。言い伝えでは旧暦の七月九日には火の玉が出るから登ってはいけないといわれている。しかし旧浪岡町時代の昭和六十三年からは火の玉探検ツアーが毎年催されているのだ。午後十時から登山を開始して午前二時頃に下山するという真夜中のツアーに多い時で百人以上が参加する。

「静かにしないと出てきません。毎年出るとも限らないんです。見た人はたくさんいますよ。ガスが掛かったようになって、それが消えるとばーっと十メートルぐらい先に出るんです」

よく聞く狐火のようにふわふわとしばらく飛ぶのではないらしい。瞬間勝負なので多くの人がいても見逃す場合も多いという。

＊

後藤さんにとってのすぐそばの梵珠山は、薪を拾ったり山菜やキノコ採りの場所である。単純な地形で危険な場所でもない。気軽に入れる自分の庭のような存在だ。

「十年前に不思議なことはありました。朝からワラビ採りに行って午前十時頃でしたかねえ、尾根道を歩いていたんです。いつも来る場所なんですよ、何も複雑な地形でもないんです。でもいつの間にか下りる方向を間違えてね。しばらく歩いてやっと気がついたんですよ」

その尾根道は青森市と五所川原市の境である。単純極まりない地形、いつもの場所、そして天気の良い午前中。それでも下る方向を間違えたのだ。いつの間にか周囲が左右反転して逆方向へ進む話は過去にも聞いたことがある。この時もそういう状態だったのかも知れない。

＊

後藤さんの父親が末期の肺ガンで入院していた時のことである。家では奥さんと子供が留守番をしていた。あの梵珠山の光を一緒に見た家族である。

「私は親父の付き添いで病院にいたんです。その時に亡くなったから家に電話したんですよ。そうしたら女房が妙なことを言うんです」

後藤さんから連絡が入る少し前に玄関を叩く音がしたというのだ。

〝トントン、トントン〟

音は玄関から移動しながら家中の壁を叩いて回ったのである。

〝トントン、トントン〟

しばらくは家の周りを叩く音を奥さんと子供が呆然と聞いていた。後藤さんから連絡を受けて、義父の臨終時間と一致することが分かったそうである。

青森県ではこのように亡くなる人が知らせにくる話を、他地域よりも比較的多く聞いた。やはり恐山があるような地域性なのだろうか。

本州最北端の魂

恐山はその知名度の割には実際に行った人が少ない場所ではないだろうか。本州最北端の広大な半島は決して交通の便が良いとは言いがたい。だからこそ残された秘境感が濃厚なのだ。その半島の北部にあるのが日本屈指の霊場である恐山だ。夏と秋の大祭時、複数のイタコが集まり口寄せをすることで有名である。その恐山菩提寺で大祭の準備をする婆ちゃんに話を聞いた。

「子供の頃、夕方だったね確か。お遣いにやらされたんだよ。帰りに家の近くで親戚の爺ちゃんに会ったんだけど何か様子がおかしくてね、変だなと思いながら家に入ったの」

家の中では祖父が呆然と佇んでいた。どうしたのかを尋ねると、

「いや、今よ。そこさ魂が来たんだ。おらの横さふわふわ〜っと来たもんでな。捕まえようとしたども、できね」

祖父はその魂が病に伏せっている自分の弟だと確信した。そこで何とか摑まえて引き留めようとしたが、腕は空しく空を切るばかり。そうこうするうちに魂はすっと昇ったかと思うと消えてしまったというのである。

「お爺ちゃんには姿は見えなかったんだよ。でも私ははっきりと見てるの。その人の着物の柄も持っていた杖の色も履き物も全部見てるんだよ」

＊

休憩の合間に話をしてくれた婆ちゃんは、妹さんと一緒によく山菜採りに行くそうである。しかし山へは入らずにその場から帰ることもしばしばあるらしい。

「山で怖い思いはしたことが無いの。分かるからね、山へ入る前に」

「何が分かるんですか？」

「嫌な感じがするのよ」

それを受けて妹さんが口を開いた。

「そう、変な感じがしてね、嫌な臭《にお》いもするから入れないの。その時はすぐに帰るよ、車に飛び乗って」

「だから私たちは大難には遭わないんだよね。こういうことは経験の無い人には信じられないだろうけどね」

　そう言うと、婆ちゃんは私の顔をじっと覗き込む。

「信じてないでしょう？　ここはね、死んだ人が一杯いるんだよ。みんな白い着物着てあっちにもこっちにもいるんだよ。あの世は本当にあるんだよ。信じてないね」

　いや、信じない理由はどこにも無い。ただ自身にあの世の体験が無いだけなのだ。

甘党の狐

恐山に狐に関する話はないか訊いたところ、或る出来事を思い出してくれた。それは仲良しグループが山菜採りに山へ入った時の話である。

朝から山菜採りに興じてたくさんの収穫に恵まれ、楽しい一日が済んで仲間たちは車を止めた場所へと集まってきた。しかし集合時間の午後三時をだいぶ過ぎても一人だけ姿を現さなかった。

「結局その人、夕方になっても下りてこなくてね、大騒ぎになったのよ。警察に連絡して、それから消防団の人たちが山狩りして探したの」

懸命の捜索にも関わらず何の手掛かりもないまま数日が過ぎた。捜索の規模を縮小しようかというまさにその日、遭難者は見つかった。

「なんてこともないような所にいたんだよ。何で見つからなかったんだろうって感じね。それでね、その人、口の中にいっぱい草が詰まっていてね、死んでたの……ああいうのは狐の仕業なのかねえ」

　これはほんの数年前の出来事である。

＊

　東北地方には門付《かどづけ》と呼ばれる芸能がある。家々を回り、音曲や踊りを披露して祝儀を頂いて歩くのだ。ここ下北半島ではこれを神楽《かぐら》とも呼んでいる。その神楽の一団が村を回った時のことだ。

「神楽の人たちはずっと村を回って歩くの。一回りすると神社に集まって、また次の村へ異動するんだけど、中の一人がいなくなってね」

　またしても一人いなくなった。そこで仲間内で集落をくまなく探したが見つからない。さらに山のほうまで捜索の手を広げると、すぐに彼の姿は見つかった。

「山の中でね、寝てたの。それがきちんと着物を畳んでね、丁寧に草履《ぞうり》を揃えて座敷に上がったみたいな感じで寝ていたの。これも狐かねえ」

＊

　婆ちゃんは山の中で不思議な空間に入り込んだことがある。それは仲間たちと山菜採りに行った時だ。森の中は明るく下草はまだそれほど伸びていない。見通しはある程度利く状態である。

「すぐそこに妹がいるのね。数十メートルじゃないの、距離的には。そこに行けないのよ」

少し斜面を下りた所に妹がいるがそこまで辿り着けない。何度行こうとしてもあれあれ？　という間に結局元の場所に戻ってしまうのだ。

「あれは不思議だったよ。何回も行こうとしたけど駄目だったもんねえ。あの時はねえ、妹に飴をやろうと思ってたのね。ポケットに飴が入ってたから、きっと狐が騙そうとしたんだろうねえ」

焼き魚や生臭いモノが好きな狐の話はあちこちで聞いたが、どうやら下北半島の狐は甘党のようである。

＊

同様の話は風間浦村《かざまうら》でも聞いた。風間浦村はマグロで有名な本州最北端大間町《おおま》の東隣にある。海と山が密接した地域は長い間漁業と山仕事で成り立ってきた。そんな環境の村で、坪田久雄さんは小学生の頃からウサギや小鳥を罠で捕っていた。

「学校に行く前にね、山に罠を仕掛けて回るんですよ。それで学校が終わったら帰り道に回収するんです。皮剝く時は足の付け根に切れ目入れて竹筒を差し込むんですよ。そこから空気を吹き込むと皮が剝きやすいんです」

昔、国道は砂利道で車はほとんど通らない。そういう状況は狐にとって都合が良かったらしい。

「夜道を歩いていたら向こうから車が来るんです。ライトが段々近づいてくるから、ああ危ないなと思って端に除けるけど来ないんですよ、いつまで経っても。変だな思うて見るとね、今度は電線の上に明かりがぽっぽと点《とも》るんです。近所の人はいきなり田圃《たんぼ》にはまっていたりしましたねえ。あれは全部狐のせいですね」

＊

いつもいつも人間が狐に化かされるとは限らない。坪田さんは先手を打って狐を驚かしたことがあるそうだ。

「夕方でしたかねえ、歩いておったら家の軒先に積んである薪の裏に狐が見えたんですよ」

何に夢中なのか狐はこちらにまったく気がついていない。坪田さんは抜き足差し足でそっと狐の背後に回り込むと、持っていた番傘を思いっきり〝ガバッ〟と開いた。

「いやあ、狐は凄く跳ぶんですね。四メートルくらいはぴょ〜んって跳びましたよ」

狐もよほど驚いたのだろう。

〝びっくりしたなあ、もう〜〟

狐の文句が聞こえそうである。

＊

風間浦村での狐に関する話は多い。基本的には他所とよく似た内容だ。

「近所の人が祝い事の帰りに狐に化かされて田圃を歩かされたんですよ。それで引き上げられた時はお土産を全部無くしていて、狐のせいだと言われましたね」

「ああ、やっぱり魚とか天ぷらが入っていたんですかね」

「鯛ですね、赤い鯛のお菓子があるでしょ？」

「お菓子？　祝い事用の砂糖菓子ですか」

「そうそう、それを持っていたんでやられたんです」

やはり下北半島の狐は甘い物好きのようである。

狐の警告

恐山から北へワインディングロードを進むと薬研《やげん》温泉がある。そこの温泉民宿あすなろを経営する八谷さんに話を聞いた。

「私の生まれは風間浦村で家業は旅館をやっていました。四十年くらい前の話ですが、広間に三十人くらい人が集まっていた時なんです。青っぽい光の玉がふわっと上がるのが見えたんです」

大勢人のいる部屋の窓から見えた光の玉は、屋根の高さまで上がったかと思うと地面すれすれまで降りて消えたのである。八谷さんは母親と一緒に見ていたが、その他の人は誰もこの光の玉には気がつかなかった。その光は最初明るい黄色で、そのうち青っぽく変わり、何となくよたよたと彷徨っていたそうである。

次の日、近所の人が亡くなったが、その人は足が悪かった。母親と二人できっとあの人だったんだねと話をしたそうだ。

＊

八谷さん夫婦が以前、八甲田山の谷地《やち》温泉に行った時のことだ。二カ月ほどの長逗留で辺りをいろいろと巡っていたある日、宿への帰り道で深い霧に包まれてしまった。

「毎日走っている道でしたから、少々霧が出ても分かるんですよ。道自体も単純ですしね」

確かに地図で見ても複雑ではない。しかし二人は辿り着けない。

「はっきりとした分かれ道があって、そこから普通なら二十分くらいで着くはずなんですよ。それがいくら走っても着かない。おかしいんです、気がつくとまた元の分かれ道。そんな馬鹿なと何度も行くんですが、やっぱり着かない」

気がつけば二時間以上が経過している。流れる霧の中を走りながら、背筋がゾクゾクとして鳥肌が立つのが分かった。

「二人で大丈夫、大丈夫って言いながら走ったんです。そうしたら目の前に狐が現れて」

突然車の前に立ちふさがったのは三匹の狐である。どうやら親子のようだ。先頭に大きな親狐、その後に続く二匹の子狐が一列になって道の真ん中に佇んでいる。

「こっちをじっと見ているんです。それが実に不思議なんですよ。距離は三〜四メートルくらいですかね。辺りには霧が掛かっているのに、狐はまったくそんな風に見えないんです。非常にクリアに見える。全然動かないで、三匹が一列でただじーっとこっちを見ているんですよ」

八谷さん夫妻はこれを警告と受け止めた。これ以上上がっては駄目なのだと思い、そのまま下ってその日は別の宿を探したのである。

「私たちは狐が悪いことをするとは思っていません。山の中でも狐に出会うとほっとするんです。うちの猫もよく遊びにきた狐とおっかけっこをして遊んでいますよ。何回も見てますから」

風間浦村では狐に化かされる話は聞いたが、人を殺すような悪さをするのは狸だといわれている。そこの出身である八谷さんにとっては狐は怖い存在ではないようである。

撃ってはいけない熊

マタギには数々の禁忌が存在する、いや正確にいえば存在した。現在は大昔のように小屋掛けをしながら山々を巡るマタギはいない。時代の変化とともに多くの仕来り《しきた》や禁忌もまた忘れ去られようとしている。

マタギが嫌う縁起が悪い数字には四と七がある。下北半島のマタギ集落ではカラスが四羽鳴くと死人が出るといわれているのだ。ツキノワグマは胸元に半月形の白い毛があるのがその由来であるが、稀に月輪が無い個体がいる。マタギはこれをミナグロと呼び、決して撃つことはない。誤って撃った場合はタテを収める（マタギをやめる）のが仕来りである。

＊

下北半島の中ほどにある旧川内町（現むつ市）畑地区はマタギ集落として有名であ

る。そこで長年マタギとして山々を駆け巡ってきた岩崎五郎さん（八十五歳）に話を聞いた。

「ここにはね、工藤巻きと岩崎巻きっていうマタギの集団がいたのさ。一番多い時で四十人近くいたんでねえかな。今は二人しかいないよ」

訪れた畑地区は一見家も多く集落として機能はしているように見える。しかし一人暮らしの高齢者が多く、人口は六十人もいない。各家の玄関には〝無事〟という札が下げられている。朝起きて無事ならこの札を出しておくらしい。

五郎さんは十人兄弟の五番目の生まれで五郎である。父も祖父も分家筋なのでまともな農地も無く非常に苦労した。そんな境遇の住民のために、一時期、村内開拓地が拓かれたことがある。五郎さんの父は農地が無いと駄目だと痛感していたので、一際山の中に拓かれた地へ家族で移住を決意する。その時期の話である。

「小さな家であったよ。かなり奥のほうで、ここより随分と気温も低くてなあ。それでも自分の土地だから一生懸命やったんだ。結局誰も居着かなかったけどな」

畑集落からかなり奥まった開拓地は厳しい環境だった。そこの粗末な家で家族は身を寄せ合って暮らしていた。ある日の夕方、五郎さんがたまたま家におらず奥さんと子供たちが家にいると……。

「窓をな、とんとんとんって何か叩くような音がしたんだ。女房が気づいて〝何だべ？〟ってそっちのほうを見たんだよ」

すっかり暗くなった窓の外には妙な物体が見えた。それはどう見ても火の玉だった。薄ぼんやりとした光を投げかけながら窓の外を飛び回る火の玉は実に不思議である。奥さんはしばらく見入っているが、そのうち火の玉はふっと姿を消した。

〝ダンダンダンダンッ！〟

同時に家中に響き渡る物凄い音に家族は震え上がった。奥さんは五郎さんの身に何か良からぬことがあったのかと思ったが、しばらくして届いた知らせは違う。

「母方の爺さんがちょうどその時間に死んだんだ。その爺さんもマタギでな、七十五歳で熊捕ったもんなんだよ」

＊

五郎さんは昔よくバンドリ（ムササビ、ムササビ猟）に行った。当時も夜間発砲は禁止事項だったが、全国各地でごく普通に行われていた夜間の狩猟である。

「バンドリさ行って森の中にいたらな、急に〝ザアアアアアッ〟て凄い音がしたんだ。それがな川の流れみたいに大きな音なんだ。足元から周りから〝ザアアアアアアッ〃て、八畳くれえの広さじゃなかったかな、あそこは」

足元から自分を包み込むように沸き上がる謎の音に五郎さんは震え上がり逃げ出した。数日後、五郎さんはその謎の音がした場所へと向かう、もちろん真っ昼間に。

「いやあ、鉈でな木に目印を付けてあるから行くのは簡単なんだ。それで辺りを探したのよ。何だと思う、あの音の正体は？」

「何ですか？」

「虫なんだよ、小さな虫が葉っぱの裏なんかにいっぱい付いてるんだ。そいつらが音を出したんだよ」

確かに朽ちた木をどけると思いのほか多くの虫が一斉に逃げ出してびっくりすることはたまにある。しかし辺りに響き渡るほど恐ろしさを感じるくらいに音を立てる虫となると、数十万匹はいたはずだ。五郎さんは足元をライトで照らしたが何も見えなかったと話している。八畳ほどの空間が恐ろしいほどの音で満たされたのに何も見えない。だからこそ不思議に思って後日その場所へと向かったのだろう。

音の原因が虫なのかどうかははっきりと分からない。ただ虫だとすれば、後日現場へ足を踏み入れた時にカサリと音を立ててもおかしくないはずだ。しかしそのような兆候は無かった。まだ現場に虫がたくさんいたのだから、何らかの反応はあってもよいはずなのだが……。

「昔はカモシカもよく捕ったんだ。禁猟だよ、もちろん。でもみんな捕ってたな。食べるもんがねえんだから仕方がないさ。肉は食べて毛皮は物々交換したんだよ」

冷涼な気候で米も出来ない。厳しい自然環境の中でマタギたちは生き抜いてきたのだ。

*

五郎さんは犬が大好きである。七十六歳まで犬と山を歩いてきた。阿仁マタギは熊猟で犬をほとんど使わない（鳥猟は除く）が、五郎さんは山行きにかならず犬を連れていく。熊の臭いをいち早く取り、気配を察知するから重宝していた。

「一番優れた犬はポチだったなあ。これは熊をよく探したんだ。度胸もあって熊を怖がらないんだ。追い込んだ熊に向かっていって結局死んでしまったけどな」

熊を恐れず挑み掛かるとは……。

「俺がまだ小学生の頃に、親父と一緒にバンドリに行ったんだ」

昔は小学生でも猟の手伝いをすることが珍しくなかった。また中学生になると勝手に銃を持ち出して撃つ子供も多かったのである。

「そうしたらよ、犬が急にそわそわし出して、ああこれは熊がいるなって分かったんだ」

犬が臭いを取り熊の気配を察知したのである。父親が慎重にその辺りを探ると、ほどなくして小さな岩穴を見つけ出した。確認するとどうやら熊が入っているらしかった。

「それから犬をけしかけて穴から熊を上手く追い出したんだ」

〝パンッ〟

夜の森に銃声が響く。動かなくなった熊に犬が咬みつこうとするのを制して一息ついた。その時、

〝ギャアアアアアッ！　ギャアアアアアアッ！〟

辺り一面に恐ろしい叫び声が上がる。驚いた二人が辺りを見渡すと小さな黒い影が見えた。

「何だ……」

恐る恐る近づくと、それは小熊である。今し方穴から出てきて殺された熊の子供なのだ。

「ああ、子連れだったか」

子連れを撃つのは可哀想な気もするが、小熊とて大切な獲物には違いがなかった。

暗闇で倒れた母熊の傍らに小熊が集まっている。

〝ギャアアアアアアッ！　ギャアアアアアアッ！〟

小熊の鳴き声だと分かっても、あまりの絶叫に思わず背中がぞくっとした。

「四つ熊だ……」

暗闇の中で父親が呟いた。穴から出てきたのは三頭の子熊、つまり母熊と合わせると四頭の熊である。マタギに取って四は縁起の悪い数字なのだ。普通は二頭子供を産むはずのツキノワグマが三頭も産んでいたから余計に不気味に感じたのである。

〝ギャアアアアアアッ！　ギャアアアアアアッ〟

森に響き渡る小熊の絶叫もかつて聞いたこともなく恐ろしさに拍車を掛けた。

「これはお祓いをしてもらわねば。あの人なら出来るべか」

どうしようもない厄災がそばまで来ている。そう感じた父親はすぐに連絡を取り、厄祓いの儀式をしてもらった。

「あれは凄い鳴き声だったな。体中からざわざわ鳥肌が立ったもんなあ」

「結局、悪いことはなかったんですか？」

五郎さんは一呼吸置いて天井を見上げ、そして言った。

「十人兄弟だっていったべ。俺が五番目なんだよ。でもよ、その後に生まれた兄弟たちは全部死んだんだ。小学校に上がる前になあ、全員死んだんだよ」

畑集落中心部にあった本家は今では廃屋となり、兄弟で生きているのは五郎さん一人である。八十五歳なのだから当たり前かも知れないが。

丑三つの少女

山怪はどこにでも存在すると思う。しかしその状況は国や民族、歴史などの違いで大きく変化するのではないだろうか。そう考えると、北海道にはどのような山怪が存在するのか想像もつかなかった。キタキツネが果たして本土狐と同じように人を化かすのか？　墓場から人魂が飛び出すのか？　狸が太鼓を叩くのか？　道東北部で話を聞いてみた。

＊

これは今も存在する会社の出来事なので場所と氏名は伏せる。現在北見市の保険事業関係に勤めるAさんが、そこで働いていた十年ほど前に経験した話である。当時勤めていた会社はかなりの肉体系だったそうだ。時には夜中でも緊急の工事に出動する必要もある体力勝負の職場である。肉体的に優れた若者が多く働く現場が、ある日恐怖に陥った。

「その時は現場が山の中で三組に分かれての作業だったんですよ。真夜中に穴掘ったり、資材を組み立てたりしてたんですよ。それぞれの組は少し離れているんで、連絡は無線を使うんです」

真っ暗な山の中に投光器を立てて黙々と作業をしていると、現場無線に妙な連絡が入った。

「おい、子供がいるぞ！　気をつけろよ、白い服を着た子供が歩いているから」

誰もが耳を疑った。それもそのはず、現場は道も無い山の中、おまけに時間は午前二時過ぎのことである。子供が一人で歩いている訳がない。

「何を言ってるんだべ。こんな所に子供なんていねべさ」

仲間と笑いながら作業を続けていると……。

「白い服を着た女の子だ。歩いてるから気をつけろよ」

ふたたび入る無線の声は少し震えているようにも聞こえた。

「これはおかしいと思って連絡してきた現場へ向かったんですよ。最初は悪い冗談かなと思ったんですがね」

数人で真っ暗な山の中をその現場へ向かうと、十人ほどの作業員が立ち尽くすのが見えた。彼らは真夜中の山中で全員がその少女を見ていたのだ。中には震えの止まらない人もいる。

「昼間でもそこは普通の人が入れるような場所じゃないんです。真夜中に子供が一人で歩いているなんて絶対にあり得ない」

そのあり得ない状況に作業員たちは遭遇してしまったのである。そして思わず無線で仲間たちに呼びかけたのだ。

「白い服の子供に気をつけろ」

と……。

ついてきた男

Aさんが会社に入ったばかりの頃、業界の研修があった。かなり大きな研修で、百人近い参加者が合宿形式で寝食を共にする。その宿舎での出来事である。

「大部屋で十人以上が寝起きするんですよ。板の間でベッドが並んでいるんですが、もう初日からなんです」

「初日から?」

「いや、そこに入るとき管理人さんが小声で耳打ちしたんですよ、〝ここ出るから〟って」

実に嫌な情報である。そんなことを聞いても信じない人も多い。Aさんもどちらかというと見えないし信じないタイプだから、そのまま就寝時間を迎えて寝入ったが……。

「目が覚めたんです、ぱちっと。三時頃でしたかね、いやちょうど三時でしたね、時計見たら。何か変な感じがして辺りをぐるっと見渡したんです」

暗い部屋の中で目をこらして辺りを伺う。天井、壁、横、足元、そこで目が止まった。

「誰かいるんですよ、ベッドの足のほうに。座ってこっちをじーっと見てるんですね。顔ですか？ それがこう深く帽子を被っているんで、顔はよく見えないんです」

真夜中に足元に座って自分のことを見つめる男。それが誰かは分からないが、声をかける気にはならず、そのまままんじりともせずに朝を迎えた。

感じない、信じないタイプだとはいえ、それが一週間も続くとさすがにAさんも参ってしまう。そこで研修で仲良くなった人に相談しようと思い、話しかけた。

「応接室で話をしていたんです。そうしたらその人が〝そっちのベッドは大丈夫？〟って訊くんですよ。その人も見てるんです、帽子の男を」

どうやら帽子の男は各ベッドを覗き込んでいるらしかった。少なからぬ人が気づいていたが、ほとんどは口を閉ざしていたのだ。その帽子の男の素性は結局分からないままに研修は終わりを告げた。

*

「それから久しぶりに家に帰ったんです。妻がね、ドアスコープ（覗き窓）で確認したら、私の横にもう一人誰かが立っていたらしいんですよ」

しかし奥さんがドアを開けると、そこにいたのはAさん一人だった。一瞬何が起こったのか分からなかったが、驚きを隠してAさんを出迎えたのである。

「もう随分前の話なんですが、そのことを聞いたのは今年になってからなんです。たまたま友達とバーベキューをしていた時に、あの帽子の男の話をしたら妻が話したんですよ、横にいたって。もっと早く言えよと思いましたね」

奥さんがドアスコープから見た男の姿は、Aさんが研修所で見た男と同じだった。帽子を深く被り、表情は見えない。その男を奥さんは友達だと認識してドアを開けたが、誰もいなかったのだ。その正体が良いモノではないと直感したから、彼女は口をつぐんだのである。

＊

Aさんの会社では以前、宿直業務があった。ある日、宿直室でソファーに寝ころんでいると、玄関のドアがバタンと音を立てるのが聞こえた。

「あれ？　誰だろう、こんな時間に」

〝ガッカッカッカッ〟

近づいてきた足音は隣の作業室の前で止まった。

「ガラガラガラって部屋の戸が開く音がしたんです。鍵入れを確認したら、鍵はちゃんとあるんですね」

閉め忘れたのかと思い、宿直室を出ると隣の部屋へと向かった。しかしやはり鍵はきちんと閉まっている。一応中へ入り確認したが何も変わった様子はなかった。

実はこの宿直室に初めて泊まった時も妙なことが起きている。

「いきなり戸棚がガタガタガタガタって凄い音を立て始めたんですよ。あれ？　風が強くなったのかと思って確認したんですが、風なんてまったく吹いてない。それであ、仲間が悪戯《いたずら》しに来たんだと思いましたよ。〝やめろよ、お前ら〟って言いながら探したけど誰もいないんです」

翌日、Aさんが先輩に昨晩の出来事を話すと……。

「そうか、しゃーないな」

この一言でAさんはすべてを理解出来たそうである。職場での一連の妙な出来事を父親に話すと、まったく相手にされなかった。

「そんなことがあるなら俺も見てみたい！」

*

それに対して母親は信じてくれた。そのお母さんの話。

Aさんがまだ子供の頃、近所に住む祖父が毎朝牛乳を届けてくれた。

〝コトン〟

牛乳瓶が箱に収まる音が一家に朝を知らせていた。その音がしばらく聞こえなくなったことがある。爺ちゃんが体調を崩して入院したからだ。毎朝届いていた牛乳が来ない不便さにも慣れてきた頃。

「あれ？　牛乳が来たよ」

「えっ、牛乳が来た？」

Aさんには母親の言葉の意味が分からなかったが表に出ると牛乳箱を確認した。もちろん何も入ってはいない。それを告げると母は言った。

「今ね、〝コトン〟って音が聞こえたの。お爺ちゃんが亡くなったんだねえ、多分」

その話を聞いた父は、

「そんなことがあるなら俺も聞いてみたいよ」

仲間に入れないのが少しつまらないお父さんである。

案内する火の玉

北海道は本州以南とはまったく歴史的民族的なバックボーンが異なっている。本州以南で代々受け継がれてきたような怪異譚があまり存在しないようだ。いや、実際、道在住の和人は数代遡れば総じて本州以南の出自なので、受け継がれているかも知れない。そこで会う人たちに訊いてみたが、思った通り薄いのである。

これは北東北の濃厚さとはえらい違いだ。山に暮らす人たちでも、山怪経験者が少ない上に、意識をあまり持っていないのである。つまり、山の中に不思議なことや怖いモノがいるとは思っていない人たちが多いのだ。

和人だけではなくアイヌの人たちにも話を聞いたが、彼らはもともと山や森が神の領域で、そこに怖いモノ悪いモノがいるとは考えていない。道に迷うのは神が新しい出会いを授けてくれるのであって何も問題は無い。だからもし万が一山で命を落とすようなことがあったら、その時は神様に文句を言うと考えるそうだ。

ある程度予想はしていたが、ここまで違うとは思わなかった。そのような中でベテラン猟師が貴重な話をしてくれた。

*

矢野芳雄さんと新木茂良さんは弟子屈《てしかが》町で長年狩猟に携わってきた。子供の頃は近くに鹿はおらず、ウサギの肉が大変なご馳走だったそうである。

二人とも山での不思議な体験は皆無だという。しかし近所に住む矢野さんの叔父さんは山で不思議な光を見ている。

「この近所の山なんだ。そこさ行った時に、もう夕方近くかな、光の玉が見えたんだと」

その光玉《ひかりだま》はふわふわと飛ぶと地面へふっと降りた。光り続ける謎の物体に叔父さんは近づいて確かめようとする。しかし光玉は距離が縮まるとふたたび宙に舞い上がり、ふわふわと飛んでいく。そしてまた地面へ降りるのだ。

「何だべ？」

降りては舞い上がる光玉。その後を追っていくと、目の前に小屋が現れた。それは知り合いの爺ちゃんの炭焼き小屋である。その脇を過ぎて、なおもふわふわと光玉は飛んでいった。

「叔父さんがしばらくついていったら、炭焼きの爺ちゃんが倒れて死んでたんだよ。やっぱり魂が案内したんだべ。あと、親戚じゃないけど近所に森林軌道の仕事している人が見てるよ、光玉」

その人が森林軌道をモーターカーで下山中の出来事である。集落が近づいてきた時に光玉が或る家から飛んでくるのを目撃した。ふわふわと飛ぶ光玉は寺へと真っすぐに進み、そして消える。

「ああ、あそこの婆ちゃんが死んだんだなって分かったそうだよ」

*

この手の話は本州以南ではよく聞くが、北海道では珍しいのではないだろうか。地区の拝み屋さんや神様といわれる人も少ないようだが、それについても矢野さんが話してくれた。

「神様？　イタコみたいな人もいねえなあここは。ああ、昔年寄りが行方不明になった時、そこの御不動さんに聞いたことがあったべ」

「ああ、あったあった。あんなもんに訊いても無駄だべっていうのよ。だって自分の所の賽銭箱盗まれたってどこ行ったか分からんねえんだからよ」

さんざんな言われようであるが、この時の御不動さんのお告げは、

〝川のそばを探せ〟

だったそうで、しばらくしてからお告げ通りに見つかったそうだ。かなり酷い状態で検視にも出せず、その場で野焼きにした。

水辺を探せというお告げは、これまた定番である。川に樽を投げ込んでそれが流れ着いた所にいるというご託宣も『山怪 弐』で書いたが、要は最後には川や沢に流されるという山里の経験則なのだろう。

水に流す、実に日本的な発想である。

跳び出す婆

北海道では狐に類する話はほとんど聞くことが出来ないようだ。キタキツネは悪さをしないのだろうか？　また狸にまつわる話も出てこない。やはり本州以南とは環境がまったく違うからだろうと思い始めた頃に、狸の話を聞くことが出来た。中標津《なかしべつ》町の郷土館で学芸員をしている人の話。

「僕のお婆ちゃんが神社にお参りに行った帰りに、道が分からなくなって迷ったことがあるんです」

お年寄りの道迷いはあまり珍しい話ではないが……。

「山の中を歩いていたら太鼓を叩く音が聞こえてきて、その方向へ歩いていくうちに道が分からなくなったって言ってました」

山で聞こえる太鼓の音といえば、秋田県では狸の仕業として定番である。また何かに誘われて迷うのは神隠しの典型なのだ。やはり北海道にもこの手の話は息づいていると思ったら、感じ方は少し違うようである。

「これは山の神様が羆に遭わないように違う道へ歩かせたんです。そこはこういうことがよくあるんですよ。僕がバイクで林道上ってる時も、突然バイクが動かなくなったんです。仕方ないから歩いてたら、出来たての羆の糞があるんですよ、林道に。あのままバイクが動いていたら鉢合わせしてましたね」

＊

この方のお婆ちゃんは霊力の強い人だったらしく、亡くなった後もいろいろとやらかしている。葬儀が済んでしばらく後には、家中の戸をガタガタと激しくならして家族に存在をアピールしている。極めつけは元気な姿を見せつけるという荒技だ。

「飛び出すんですよ、仏壇から。そして仏間からすたすた歩いて次の間の縁側まで行って、外を覗いてからまた仏壇に戻るんです」

「出てくるんですか？　仏壇から」

「そうなんです、一年くらいでしたかねえ、しょっちゅうなんです。あんまり出てくるもんだから、さすがに長男が言ったんですよ。〝婆ちゃん、いい加減にしてくれよ！〟って」

「どうなりました？」

「次の日からまったく出なくなりました」

息子に文句を言われて、さすがに婆ちゃんは出るのをやめた。いや、成仏したのかも知れない。この方の親戚で二十九歳で亡くなった人も、やはり本家へたびたび顔を出しては家の中を歩き回っていたというから、血筋なのだろうか。

同様に仏間から出てきて歩き回る謎の女の子の話は、富山県山間部でも聞いたことがある。そこの宿の若女将は座敷わらしではないかと言うが、仏間から出てきたことを考えると遠い先祖だったのかも知れない。

〝羆撃ち〟久保俊治さんの体験

標津町に住む久保俊治さんは孤高の羆撃ちとして知られるベテラン猟師である。たった一人で厳冬期の山の中にこもり、神経を研ぎ澄ませる。自然の中で自身が動物になって獲物を追いたいと考える求道者、この久保さんにも不可思議な体験はあるらしい。

「光る玉、火の玉みたいなものは見ますよ。あれは季節によって色が違うんです。春先で少し暖かい日だと青い光なんです。これはふわっと飛んでは落ちて消えるんですね。赤い光は消えません。飛び方が完全に鳥そのものなんで、恐らくはフクロウだと思います。フクロウが巣穴で夜光性の菌を体に付けて飛ぶんですね、だから消えない」

ふわふわ飛んで地面にぼたっと落ちる火の玉の話は他所でも聞いたことがある。間近で見た人は、やはり青く燃えるようだったと記憶している。この青い光の正体はリンだといわれるが、それを証明した人はいない。

久保さんは山の中での不思議な出来事にはすべて理由があると考えている。疲れや寒さが思考能力や精神に重大な影響を及ぼし、それが脳内にさまざまな絵や音を紡ぐのだ。つまり実態は無い。すべては脳内の出来事なのである。

「二十歳くらいの時に一人で山に入っていたんです。その時は雨のせいで戻ることが出来なくなって、一週間山の中でしたよ。そこで親父の声が聞こえましたね、でも幻聴なんですよ、それは」

「幻聴ですか？」

「そう、幻聴なんですが、はっきりと聞こえるんです。間違いなく親父の声でね、ああ私のことを心配してるんだろうなって思いました」

間違いなく父親が自分を呼んでいる声が聞こえる。しかし状況から判断してそのようなことはあり得ない。だからこれは幻聴だと理解する久保さんの冷静さが羨ましい。

＊

山で悪状況に陥ると、少なからぬ人が妙なモノを見たり、または音を聞いたりする。

奈良県の大峰山で一週間行方不明になった人は、毎日それらに翻弄されたが無事救助された後、こう語っている。

「あれは幻覚なんですよ。でも間違いなくその時はそこにあったんです」

不思議な話である。幻覚幻聴以外の何物でもないと言いながら、不可思議な体験は本物だと考えているのだ。これは人間の脳の構造に起因するのだろうか。

＊

久保さんの話に戻る。

「雪女は見たことがありますよ」

「雪女？　あの白い着物を着た雪女ですか？」

「そうです。或る山に入った時なんですが、夜中に森の木の間を動いているんですよ、雪女が」

「それは幻覚ですか？」

「テンですね、たぶん。動き方がテンの動き方そのものだったんで」

久保さんは長年の経験から、その動きをテンだと判断した。しかし目に見えるのは明らかに雪女なのである。

「確かめようと思って森の中に入っていったんですがね、何も無いんです。雪女のいた辺りを探したんですが、どこにもテンの足跡が見つからないんですね」

「テンのはずなのに足跡が無いんですか、雪の上に？」

「そうなんです。でもね、夜は距離感も分かりにくいから、もっと奥だったのかも知れませんね、見えたのは」

確かに久保さんは雪女を見ている。そしてそれがテンのせいだと思った。テンがそう見せたということは、狐が化かすようにテンが久保さんに幻覚を見せたのだろうか。しかしテンの足跡は見当たらない……とすれば何物かがテンの仕業と見せかけて雪女の幻影を見せた？　何が何だか分からない話である。

この雪女の話は弟子屈方面でも聞いたから、北海道では珍しくないのかも知れない。本州で白い着物を着た長い髪の女性が山中に姿を現せば、それは間違いなく山の神と認識される。それが北海道では雪女になる訳だから、やはり地域差なのだろう。

＊

「昔、凄く良い犬がいたんです。罷犬として非常に優秀な奴でね。その犬と真夜中に山の中を歩いていたら、突然闇に向かって〝うーっ〟って唸るんです」

暗闇に向かって唸りを発した犬に久保さんが目を向けると、尻尾が垂れていた。巨大な羆にもまったく臆することなく、向かう犬が明らかに怯えているのだ。

「そのうち私の横に来て小さくなってるんですよ。あれは魔物に睨まれたんでしょうねえ」

「魔物?」

「そうです、魔物。まあ磁場のせいじゃないでしょうかね。そういうことはよくあるんですよ。大抵は磁場の変化が原因だと思います」

突然、山の中で得も言われぬ恐怖が体を包み込む。確かにこれはよく聞く体験である。魔物に見られたと秋山郷のマタギも表現している。また神奈川県山中で鷹を訓練していた人も久保さんの飼い犬と同じような反応をしたのを見ている。明らかに見えない何かに犬も鷹も怯えたのだ。それが磁場のせいなのか、それとも違う理由なのかは、鷹や犬が話してくれない限り分からない。

II

闇へ続く道

座敷わらしと山の神

座敷わらしがいるといわれている旅館が国内には数軒ある。最も有名な旅館は一度火事で焼けてしまったが、今は立派な宿として復活している。以前訪れた富山県の宿では、着物を着たおかっぱ頭のわらしがぱたぱたと走り回っていた話を聞いた。色は無く、すこしぼんやりとした感じだったらしい。

座敷わらしと宿は今やセットのような感であるが、個人宅でもたまには現れるようだ。

群馬県の片品村で古民家を改修して住んでいる原紘二郎さん葉子さん夫妻に座敷わらしの話を聞いた。

「台所のほうで作業をしていたら、子供がたたたって座敷のほうを走っていくんですよ。まだうちに子供が生まれる前でしたから驚きましたね。その頃やっぱりうちに遊びに来ていた友達にも、〝子供が家の外を走り回っている〟って言う人が何人かはいました。その友達も子供の姿が見える人と足音だけしか聞こえない人に分かれました」

今でも時々わらしが走ることもあるが、近所に住む子供の友達かなと考えるそうである。確かに田舎の場合、知り合いの家の子供が勝手に上がり込んで遊ぶのはさほど珍しくはない。ただ葉子さんは、それを特に確かめようとはしていない。富山県の宿屋と原家のわらし出現は両方とも昼間の出来事である。

＊

葉子さんはあまり不思議な出来事は無いと言うが、話をするうちに謎の人物との遭遇を思い出した、鳥肌を立てながら。

「女の人でしたね。私が何かしている時に、はって気がついたら女の人が家の中を歩いていたんですよ」

葉子さんはその歩く女性に目をやった。髪の長い白いふわっとしたような服を着ている。その時は友達が遊びに来ていた時なので、一瞬彼女たちの誰かが入ってきたのかと思った。

「でもすぐにあれっと思ったんですよ。その時来ていた友達に髪の長い人はいなかったんです。それに入口の戸は全部閉めてあったから、入ってきたら音がするはずなんですね。でもまったくそんな音はしませんでした」

古民家の戸は昔のままなのだ。サッシのように音もなく開く代物ではない。〝ガタガタガタガタ〟っと玄関チャイム並に賑やかなのである。髪の長い謎の女性は戸を開けることもなくすーっと入ってきて、そのまま家の中を突っ切って消えていった。

「それは山の神じゃないんですかね」

「山の神？」

山の神は髪が長く白いゆったり目の服を着ていると幾人かに聞いたことがある。それとよく感じが似ているのだ。

この話を葉子さんは紘二郎さんにも話していなかった。思い出しても鳥肌が立つくらいなので忘れるように封印していたのだろうが、そう怖がる必要もないようだ。個人的な考えでは、古民家に来た新住人を山の神が見に来ただけだと思えるのである。

＊

片品村は尾瀬への玄関口として有名である。その尾瀬の或る山小屋にも座敷わらしが出るという。尾瀬のガイドでもある紘二郎さんの話。

「昔はよく出るなんて話があったんですよ。いつくらいでしたかね、廊下があまりにギシギシいうんで全部張り替えたことがあったんです。それからは出なくなったっていう話ですね」

ギシギシはわらしのお気に入りだったのか。しかし張り替え後に紘二郎さんはわらしらしき存在に触れている。

「あれはお客さんを三組案内した時です。一組は若夫婦、あとは親子連れで三歳と五歳の子供がそれぞれ一人でしたね。そのくらいの子供が泊まるのは珍しいんで、ひょっとしたら出てくるかなとは思いました」

座敷わらしも同じ年格好の子供が好きなはず。今日は嬉しくなって遊びにくるかも知れないと紘二郎さんは考えたのだ。

「出ましたか?」

「私の所には出ませんでしたね。お客さんたちは廊下を挟んだ反対側に泊まったんですよ。若夫婦の部屋の両隣に三歳、五歳の親子連れがそれぞれ泊まりました」

座敷わらしはぐっすりと寝込んだ子供を起こしては悪いと思ったらしい。真ん中の若夫婦の部屋に現れた。

「奥さんが寝ていたら金縛りにあったそうなんです。子供の声が聞こえてきて、そのうちにその子がお腹の上でポンポン跳ねて遊ぶんだそうです」
これで下山後に懐妊が分かったというオチは特に無いようである。

追いつけない鈴音

紘二郎さんはガイドとしてお客さんを案内する以外にもよく山へ行く。その場合は大抵一人である。ある時、谷川岳近辺の吾妻耶山《あづまやさん》に登った時のことだ。

「登って頂上を踏んだらすぐに下り始めたんです。お盆休みが近かったので、休みは何をしようかなとか考えながら歩いてました」

誰もいない登山道をさくさく歩いていると、

〝ちりーん、ちりーん〟

鈴の音が聞こえてきた。どうやら自分の前方から聞こえてくるらしい。誰かが鈴を持って歩いているのだと考えた紘二郎さんはしばらくそのまま歩き続けたが、不思議な気がした。

「早足で歩いているんですよ、僕は。それでも〝ちりーん、ちりーん〟が近くならないんです。あれおかしいなと思いましたね」

一人でさっさと下山する速度はかなり速い。普通の人が前にいればすぐに追いつくのが当たり前である。そこで気になった紘二郎さんはさらに速度を上げた。小走りで下り道を駆け下り始めたのである。

「追いつかないんですよ。少しも〝ちりーん、ちりーん〟が近くならないんです。これは何だろう？　これはあり得ないことだ、何かの警告かなとも思えました」

この〝ちりーん、ちりーん〟は熊鈴とも違うし、また行者の錫杖《しゃくじょう》の音とも違う少しのんびりした鈴音だったそうだ。山を下りながら紘二郎さんはふと実家の墓参りをなぜか思いつき、当時付き合っていた葉子さんを一緒に連れていったそうだ。

「あの〝ちりーん、ちりーん〟のお陰で、彼女を挨拶にも連れていって結婚したようなもんですねえ」

なかなかやるじゃないか、〝ちりーん、ちりーん〟も。

＊

紘二郎さんが谷川岳の馬蹄形縦走をした時の出来事だ。十月も終わりの頃で天候が予想よりも早く悪化し始めた。

「笠ヶ岳を過ぎた辺りから雨が雪と雹《ひょう》に変わったんですよ。あんまり酷いんで清水峠までは行けないなと思って進むのを諦めました」

仕方がないからかまぼこ型の避難小屋に入った。まだ午前中で寝る訳にもいかないなと思いつつ、他にやることもない。そのままシュラフに潜り込んで、いつしかうとうとし始めた。

「金縛りにあったんです。そうしたら何か声が聞こえるんですよ」

聞こえるのはどうやら女の声のようだ。最初は気のせいだと思いたかったが、そうはいかなかった。不気味な女の声は嫌でも耳に入ってくる。必至になって金縛りから抜け出すと女の声もやんだ。しばらくしてまたうとうとする。やはり金縛りと女の声に囲まれた。

「いやもう何回も何回も来るんですよね。何を話しているのかはよく聞き取れないんですが、気持ちが悪くて。そのうちに嫌になってやっぱり先に進もうと思ったんです」

あまりにしつこい金縛りと謎の女の声に辟易した紘二郎さんは、荷物を纏めて小屋の外へ出ようとした。

「本当に行こうと思ったんですよ、最初は。でも天候があまりに酷くて無理だったんです」

諦めて腰を下ろしたが、やはりやることは何もない。気持ちは良くなかったが、ふたたび横になった。そして何度も何度も何度も金縛りと女の声に囲まれるのである。

「もう嫌になるくらいでしたね。でも他に何も手の打ちようがないんです。仕方がないから話しかけることにしたんですよ」

不気味ではあっても出ていく訳にもいかない。かといって、ただ我慢していても終わる気配もない。そこで紘二郎さんは話し相手になろうと決心したのだ。

「話しかけて会話が成立したんですか?」

「いや、駄目でしたね。何を言ってるのか結局分からないんですよ」

何を話しているのか、不明な女との意思疎通は難しかった。しかし他にやることがない紘二郎さんは話しかけ続けたのである。そして夜中になると疲れたのか、それとも飽きたのか女の声はしなくなり、紘二郎さんも眠りについたそうである。

＊

紘二郎さんの婆ちゃんも山好きだった。もちろん登山ではなく山の恵みを手に入れる行為が好きなのだが、ある時大変怖い目に遭ったそうだ。

「婆ちゃんが近所の友達と山に入ったそうなんです。そうしたら狐に化かされたとか言ってましたね」

それは或る秋の日のことだった。キノコ採りは婆ちゃんたちにとって一日の行楽、毎年楽しみにしている行事である。年寄りが一人で山へ入るのは危険だが、二人で何十年も通っている山だから特に意識はしない。毎年同じ所に軽トラを止めて、毎年同じ所から山へ入り、毎年同じ所でキノコを採る。変わったのは年々歩くのが遅くなりつつあることだけだ。それでも急ぐ必要はないし、のんびりとキノコ採りを楽しんでいたが……。

「なあ、何か変じゃありゃあせんかい？」

友達が近寄ってきて婆ちゃんに声をかけた。

「変？　何か変か？」

「ここ、いつもの所けえ？　どこかで間違えたんじゃねえか？」

そう言われて婆ちゃんも辺りを見渡した。確かに何かおかしい。いつもの場所と違うようである。

「そんな……さっき目印の木があったべ。そこの横さ通ったから間違うはずねえどもなあ」

ほんの少し前に通り過ぎたカツラの木に目をやったが、見慣れた巨木はどこにも無かった。いや、カツラの木だけではない、その下に流れていたはずの沢も見当たらないのだ。ここはいったいどこなのか。二人の婆ちゃんたちは突然見知らぬ空間に投げ出されてしまったのだ。

「こんな所は知らねえ、もうやめて帰ろうや」

帰ることに異存はないが、どうやって帰ればいいのか婆ちゃんは思案に暮れた。とその時、

〝カサッ〟

クマザサが擦れる音に婆ちゃん二人は跳び上がって驚いた。

「熊けえ？」

知らない場所で熊と鉢合わせるのは最悪だ。しかし視界に入ったのは別の動物だった。

「あれ、狐でねか？」

「狐だ」

突然迷い込んだ空間で出会ったのは一匹の狐である。この時、婆ちゃんは自分たちが置かれた状況をはっきりと把握したのであった。

「結局二人とも無事に帰ってきたんですが、どうやってそこから抜け出したかは覚え

ていませんでした。それがあってから、婆ちゃんの友達は誘われても二度と山へは入りませんでしたね。その代わりに私が婆ちゃんと一緒にキノコ採りへ行くようになったんです」

婆ちゃんは狐の怖さよりも、キノコの魅力のほうが勝っていたらしい。これぞ真の山人である。

片品村の出来事

片品村でロッジを経営する松浦和夫さんは、若い頃に馬を引いていたそうだ。尾瀬の山小屋の資材はほとんど松浦さんが引き上げたという尾瀬の生き字引的存在である。

「仕事で山へ入るでしょう、炭焼きでも何でもね。それで冬場、作業へ向かう途中でオコジョを見かけたら駄目なんですね。今日はオコジョ見たからやばい、やめて帰ろう話すんですよ」

栗駒山では雪の中に丸まったヤマネが凶事のサインだったが、ここではオコジョらしい。真っ白な冬毛に覆われてひょっこりと立ち上がるオコジョは山の神に思えるのかも知れない。

＊

「昔はね、下の町の病院に入るってことは、もう駄目だってことだったんですよ。それくらいに悪くならないと病院に行くことはなかったんですね」

松浦さんは猟師でもあり多くの熊を仕留めてきた。そうやって手に入れた熊の胆が万病に効く万能薬として重宝され、また地域の神仏があらゆる困り事（病も含めて）に対処していた。熊の胆と加持祈禱が効かない場合は病院へと向かうが、その時はほぼ手遅れだったのである。

＊

「この下に摩利支天さんがあって、そこによく行ったもんでねえ。子供の頃、山へ遊びに行くでしょう。そうすると靴を片っ方なくすんですよ、子供だから。それがどこにあるか訊きに行くんです」

「靴ですか？　子供が無くした靴を探してくれるんですか？」

「そうよ。昔は藁《わら》草履を自分で作って履いとったんですよ。靴なんて滅多に買ってもらえるもんじゃないから貴重なんですよ」

山から帰ってきた子供の願いを聞いてくれるとは実に優しい摩利支天さんである。

「祈禱してくれて、どっちの方向を探せ言うてくれるんですよ」

「見つかりましたか？」

「いや、見つかりませんね」

「やっぱり……」

「あと念仏を唱える婆さんがおって、その人は飛び跳ねるんですよ、念仏を唱え出すと。あれは怖かったですねえ」

困ったことや何か障りがあるのではないかと感じると、すぐに加持祈禱へと向かう。昔の山里はどこも同じなのだ。

「私の女房が病気になったんですよ。それでお伺いに行ったら、尾瀬沼の弁天様が怒っていると言われたんです。それでもう夜だったんですが、一晩かけて登って弁天様に手を合わせてきました」

「夜中に尾瀬沼まで登った！　それで奥さんの具合は良くなったんですか？」

「いや、変わりませんでした」

「やっぱり……」

信じる者がかならずや救われる訳ではないらしい。

＊

戸倉地区でペンションを経営する萩原勲さんは山岳救助隊員でもある。特に山で怖い経験は無いという勲さんは、五十年ほど前に大蛇らしきモノを轢《ひ》いたことがあるそうだ。

「その頃、親父が発電所に通ってたんですよ。私が遊びに行ってその帰りでした。耕《こう》耘《うん》機に一緒に乗ってたら、〝ガッタン〟って揺れて止まったんです」

何だろうと勲さんが下を見ると、そこには太くて長い見たこともない生き物が横たわっている。どうやら耕耘機はその上を通過したらしい。

「これは何？　蛇？　ミミズ？」

草むらに頭らしき部分を突っ込んでいて正体がよく分からず、父親に尋ねた。

「う～ん」

父親はそれしか発しなかった。あまりの不気味な姿に耕耘機から降りて確認することも出来ず、結局正体は謎のままである。片品村で大蛇的な話はほとんど聞かれない。勲さん親子の体験は非常に珍しいものである。

＊

先に勲さんは怖い経験は無いと述べたが、その前段階には度々見舞われるそうだ。

「山の中にいて急に嫌な感じがすることがあるんですよ。何というか空気が変わるんですね。

ぞくっとするような冷気に包まれる、そんな感じです」

「その場合はどうするんですか？」

「〝私には何も出来ない、何も出来ません。私には何も無いですよ〟って言うんです」

般若心経を唱えるのではなく、自分に近寄ってもメリットは何も無いと訴えるのだ。

この方法で勲さんはそれ以上怖い目には遭っていないから、意外と効果があるのかも知れない。

引き寄せられるバイク

群馬県川場村の外山《とやま》京太郎さんは二十歳で狩猟免許を取ったベテラン猟師であり、現役の村長さんでもある。これは全国的に非常に珍しく、今でも熊が出たと連絡が来れば銃を手に山に分け入る。また行方不明者発生の報を受けると真っ先に現場へ急行するのだ。周りの山のことは村長に訊けというくらいの山人である。

「父は大蛇の話をしてましたね。何でも五メートルくらいあったそうですよ」

近場へ釣りに出掛けたお父さんが見た蛇はあまりに大きかった。その巨体が押し倒し進んだ葦原はぺったりと地に伏せたそうだ。

「不思議だと思うのは、行方不明になった人が考えられないような所に行ってしまうことですかねえ」

川場村でも行方不明者が出るのは珍しい話ではない。ただなぜこんな所までと首を捻ることは多々あるそうだ。

「いや普通ですね、道が分かれているでしょう。迷ったなら歩きやすい道、楽な道へと進むでしょう。それなのにわざわざ凄く大変なほうへとどんどん歩くんですよ。だから捜索に入ってもなかなか見つからない。あれはなぜなんでしょうかねぇ」

認知症の人が行方不明になるのは全国的な傾向だ。山村でも同じように高齢者の行方不明は認知症によるものは少なからずある。しかしそれを含めても常識では考えられない行動で山へと消える人たちがいるのは確かだ。

＊

「私が高校生の時です。学校からの帰りでしたから、もう暗くなってたかなあ……」

バイクに乗って帰宅途中の出来事である。家の近くまで来たところ、それまで快調に走っていたバイクが突然エンストを起こした。

「あれ、おかしいなあと思ってエンジンを掛けようとしたんですが、なかなか掛からないんです」

〝ブルンッ〟

何度もスターターをキックすると、ようやくエンジンが動き始めた。しかしスロットルを回すと……。

「バイクがね、バックするんですよ、バック。考えられないでしょう、そんなこと」

車と違いバイクにはバックするような機械的な構造がない。それがまるで何かに引きずられるように後ろへと進むのである。そして止まったのは一軒の家の前だった。そこは外山さんと仲が良かった近所の爺ちゃんの住まいである。

「何かね、いや〜な感じがしたんです、なぜかは分かりませんが」

早くそこから離れたいと思ったがバイクは前へ進まない。そこで少し遠回りでも別の道へ行こうと思った外山さんは、バイクのエンジンを切りUターンした。

「バイクを押しながら少し行った所でエンジンを掛けたんです」

すんなり掛かったエンジンに安堵しながらアクセルをふかすと、バイクはまたも爺ちゃんの家に向かってバックするのである。これにはさすがに外山さんも為す術がない。結局バイクを置いて家に帰ったのである。

「次の日でしたね、爺ちゃんが見つかったのは。室《むろ》の中で作業してたら壁が崩れて生き埋めになったんです。ちょうどその頃、私が前を通りかかったのかも知れないんですよ」

あのバイクの奇妙な動きは、仲の良かった爺ちゃんが何かを知らせようとしたのではないかと外山さんは考えている。しかしこの話はほとんど信じてもらえないので、あまり人には話さないそうだ。

＊

川場村には古民家を別荘などとして利用する施設が数軒ある。その中の一軒にまつわる話。

利用者が泊まっていると、夜中に誰かが家の中を歩いている。それは廊下だったり座敷だったりいろいろな所に現れるが、その格好がいかにも昔風だった。着物を着た女性で赤ん坊を背負い小さな女の子を連れている。一人や二人が見たの見ないのというレベルならば問題もないが、泊まる人の大半が体験するとなると深刻な事態だ。

そこで古民家についての調査が行われた。その結果、古民家は別の地区から移築されたものだった。さらに寺の古い記録を調べると、目撃談と合致する家族がその家にいた。死因は不明だが、まだ若い母親と乳児、幼児が同時期に亡くなっていることも判明したのである。

地域の有志が丁寧に供養をしたところ、彷徨《さまよ》える家族は姿を現さなくなったそうだ。彼らは特に恨み言を言う訳でも恐ろしい形相でにらむ訳でもなかった。ただ〝ここは私たちの家なんだよ、本当は〟と伝えたかっただけかも知れない。

案内される人

群馬県神流《かんな》町は日本で最初に恐竜の足跡化石が発見された地である。そこでベテラン猟師の高橋行博さんの話を聞いた。

「親父がまだ結婚する前、毎朝堆肥を取りに山へ行きよったんです」

まだ夜明け前の薄暗がりの中、お父さんは住んでいた桜井集落から馬車を引いて堆肥置き場へ向かうのが日課だった。或る日、いつものように登ってくると、神流川を挟んだ対岸の集落が松明《たいまつ》に囲まれている。そんな光景はかつて見たことのない、実に異様な状態だった。

「凄い数の松明がぐるぐる動き回っていて、集落が赤くなっていたらしいですよ。親父は怖くなって、いったん山を下りたんです。それから完全に夜が明けてからもう一度登ったら、堆肥の周りは狐の足跡だらけだったって言ってましたね」

猟はやらないが山のベテラン高橋隆さんの話。

「うちの婆さんが死んだ時なんです。集落で一人いなくなった人がおったんですよ」

かれこれ五十年近く前の十一月三十日のことだ。祖母が亡くなり、近所の人たちが大勢隆さんの家に集まっていた。一通り仏事が済んで散会となる。暗い中、みんなそれぞれの家へと帰っていったが……。

「少し離れた所に住んでおった爺さんが帰ってこんいうんで騒ぎになったんです」

集落中に行方不明の知らせが回り、住民総出で探すが手掛かりがない。夜明けを待って本格的な捜索をするか検討をしていると、一人の男がやって来て、沢を挟んだ対岸に光が登っていくのを見たと言うのである。反対側はかなり険しい山道で、そんな所に年寄りが一人で行くとは考えられない。それでも数少ない情報を無碍《むげ》にも出来ず、数人が調べに向かった。

「そうしたら、上のほうに榛名《はるな》神社があるんですが、そこにおったんです」

「榛名神社いうたら昼間でも行くのは簡単じゃねーぞ」

話を聞いていた猟仲間が驚いた顔をした。榛名神社までの道のりは、途中這って登らないといけないような急斜面（というよりは崖）があるそうだ。そこを夜中にサンダル履きの年寄りが一人で行く。これは地形をよく知った地元民には到底考えられないのである。

なぜ彼は集団から離れて険しい山道へと入っていったのだろうか。過去に似たケースは何度も耳にしている。明かりがぽつぽつと足元を照らすので、それについていった。声に導かれていつの間にかとんでもない所まで行ってしまった。何者かに手招きされて気がついたらそこにいた。四国や中国山地でも聞いた話だが、これらに共通するのは集落の中、それも家のすぐそばで起こったという点なのである。いったい何が原因なのかは誰にも分からない。

＊

神流町のベテラン山人を三人交えて話をしていると、高橋行博さんが二十年ほど前の出来事を思い出した。それは或る集落で姿を見かけない人がいると騒動になった時の話である。

「二、三日見当たらん人がおったんです。どっか余所《よそ》へ行った訳でもないし、こりゃあ大変だいうんで、みんなで探すことになりました」

最初は近所の人たちが家の周りを中心に探したが見つからず、結局警察へ連絡して本格的な捜索態勢が組まれたのである。町の消防団も加わり、大人数で近隣をくまなく探したが、何の手掛かりも見つからない。段々と手詰まり感が住民の間に漂いだした。

「そうしたら子供が〝柿の木の下にいるよ〟って言うんですよ。小さな子供がね」

集まって段取りを話し合う大人たち。そこへとことこと近寄ってきたのは三歳くらいの近所の子供だった。最初は取り合おうとしなかった大人たちも、その子があまりに繰り返し〝柿の木の下にいる〟と言うので、とうとう根負けしてしまう。

「その子が言うのは行方不明になった人の家なんです。そこの庭先に柿の木があって、そこにおると言うんですね」

家の周りは朝から何人もの人がしつこいくらいに探していた。もちろん柿の木の下も同様である。いる訳がない。みんなそう思いながら現場へ向かい、庭先への石段を下りていった。

「おったんです。柿の木の下に倒れていました。いいや、生きとりません、死んでました。凄くこれは不思議なことでしたよ。そこは私も含めて消防団もしつこいくらいに見とるんですから。誰もおらなかったのはみんな確かめてたんですよ」

行方不明者は自宅の庭先にいた。多くの人が探し回っていた場所、柿の木の下に彼はいたのである。なぜ誰もそれに気がつかなかったのか、また学齢にも達しない子供にだけどうしてそれが分かったのか。凄く不思議な出来事だったと行博さんは話してくれた。

*

行博さんは長年近隣の山々で狩猟を行ってきた。今は銃の所持許可は返納して罠でのみ猟を行っている。

「昔、松茸採りに山へ入ったんですよ、夜ね。懐中電灯を二本持って、一本を点けて歩くでしょう。それが暗くなってきたら、もう一本に換えてから引き返すんです」

電池の消耗具合で行動範囲を決めて夜の山を歩く、かなり合理的なやり方だ。

「その時にね、何か変な音が聞こえたんですね。何だと思いますか？　猪なんです」

猪が威嚇《いかく》するのか唸り声が聞こえる。近くにいるのかなと闇の中を照らして確認すると、五、六頭の猪が見えた。どうやら気づかないうちに猪の群れの中に入ってしまったらしい。

「完全に周りを囲まれていたんですよ。あれは怖かったですね」

暗闇の山中で猪に取り囲まれる。そのような経験は山人でも滅多にしないだろう。
これはお化けとすれ違うより恐ろしいかも知れない。

唐辛子を持っていく訳

神流町猟友会の会長を勤める野村吉三さんの話。

「昔は一緒に猟に行く先輩の中で、〝ウサギ〟って言ったら怒る人が何人もおったんですよ」

これは山での禁忌の一つだったらしい。しかしなぜそのタブーワードが〝ウサギ〟なのかは教えてもらったことがないそうだ。

「みんなで山に猟で行くじゃないですか。そうしたらどうしても〝ウサギ〟って言葉が出てしまうんですよ。ここは〝ウサギ〟の足跡が一杯あるなとか、去年はあそこで〝ウサギ〟が捕れたなとか。だから迂闊におしゃべりが出来ないんですね。結局山へ入る時は何もしゃべらないで口を結んで歩いていきましたよ」

マタギが山では里言葉を使わなかったのと似ている。ひょっとしたら、神流町では山神様が〝ウサギ〟を嫌いだったのだろうか、それとも〝ウサギ〟が山神様と繋がりがあったのだろうか。

*

ベテラン猟師高橋行博さんが銃猟を行っていた頃は、かなり広範囲で動いたそうだ。県境を越えて埼玉県小鹿野《おがの》町の猟師と一緒に獲物を追ったこともあり、そのうちの一人とは仲が良かった。或る年の猟期、その彼と山へ入った時のことだ。

「一回りして昼飯でも食うかって休憩したんですよ。その人がリュックの中からご飯出す時に、荷物を引っ張り出したら中に変な物があったんです」

飲み物、ビニール袋、ロープ、ライト、刃物類、これらは見慣れた猟師の持ち物。しかし丸められたビニール袋の中身は行博さんにも想像がつかない。

「それは何だよ?」

「これか?」

そう言って彼が袋の口を開けて中を見せてくれた。中には真っ赤な塊が入っている。

「唐辛子だよ」

「唐辛子? 何かに使うのかそんなもん」

最初彼はあまり話したくない素振りを見せる。しかしそこは仲の良い猟仲間、それも二人きりなのでぽつぽつと話し始めた。

「俺は釣りもよくやるんだよ、渓流釣り。そん時に雨がなぜか降るんでね、困るんだ」

雨と唐辛子にいったい何の関係があるのかと訝しんでいると、彼は話を続ける。

「イワナ釣りに行くだろ。そうするといつも雨が降るんだよ、俺がいるほうだけ」

「自分がいるほうだけ？」

「そうなんだな。沢の反対側はまったく降っていないんだ」

彼の話はこういうことだ。釣りで沢に入ると雨が降ってくる。ところが雨が降っているのは自分のほうだけ。沢を挟んだ対岸はまったく降っていない。よく見たら河原の石も乾いたままなのだ。実に奇妙な光景である。ほんの二十メートルほど離れただけで、これほど天気が違うのはおかしい。釣りどころではなく結局山を下りてしまう。それがあまりに続くものだから嫌になった彼が考えた策が、大量の唐辛子を持参することだったのである。

「それ持っていくようになってから、そんなことはまったく無いって言ってたな」

秋田県では狐に化かされないように唐辛子を持っていくという山人がいる。小鹿野町の猟師も、ひょっとしたら狐に化かされていたのかも知れない。

見つけてください──上野村

群馬県上野村は長野県と埼玉県の山間部と境を接する山里である。以前はどこに行くにも尾根伝いに便利に移動が出来た地であるが、車社会になってからは不便な場所と捉えられている。林業や養蚕で栄え狩猟も盛んだった上野村で最近まで猟をしていた久保誠一さんに話を聞いた。

「いつくらいだったかなあ。まあだぶどう峠が砂利道だった頃だな。長野県のほうから帰ってくる時なんだ。頂上辺りで車止めて休んでたらよ、山の中をこう光が動いていたんだよ」

その光は森の中をゆらゆらと移動しているようだった。方向は上野村方面である。久保さん夫婦はてっきり峠道を登ってくる車のライトだと思ったが、いつまで経っても上がってこない。狭い急カーブが続く悪路なので早く通り過ぎて欲しかった。

「待っていてもしょうがねえからこっちも出発したんだよ。でもおかしいんだな、すれ違わないんだよ、いつまでも」

結局登ってきているはずの車とは最後まで会わなかったのである。この時のことについて奥さんもこう話す。

「あれは絶対に狐に化かされたんだよ。間違いなく光が山に登ってきてたんだから」

この夜のことが気になった久保さんは後日現場へ確認しに行った。もちろん昼間である。

「車を止めた場所から道を確認したけど位置が違うんだなあ。あの光が動いていた所は道の無い森の中なんだよ、どう見ても。ああ、だからやっぱり狐に化かされたんだと思ったね」

＊

久保さんは若い頃、山の中から太鼓の音を聞いたことがあるそうだ。

「あれは結婚する前だから二十二、三歳かなあ。夕方用事があって家から出たら、何だか太鼓の音がするんだよ。〝ドンスカ、ドンスカ〟聞こえるんだけど、家のすぐそばだったから気持ち悪くなってすぐ帰ってきたんだ。木を切った跡から凄い風が吹いて逃げてきたこともあったなあ」

以前、大木を切り倒した直後に猛烈な突風が吹いて危ないから気をつけろという話を、山形の旧朝日村（現鶴岡市）で聞いた。しかし久保さんの経験は少し違うようだ。

「昼間に切った大木があったんだよ。その辺りに夜ムササビ捕りに行ったんだ」

夜中のムササビ撃ち、バンドリ猟である。昔も夜間発砲は禁止されていたが、長年の習慣で問題視する人はいなかった。その最中に昼間自分が切り倒した巨木の切り株に近づくと、

〝ゴオオオォッッ！〟

突然巨大な切り株から猛烈な風が久保さん目がけて吹き付けたのである。それまで静寂に包まれていた漆黒の森が形相を一変した。恐ろしくなった久保さんは、たまらず家に逃げ帰ったのである。

＊

久保さんは或る夜、息苦しさに襲われた。首を誰かが絞めつけている。それが誰かは分からないが強い力で絞められ、助けを求めようと奥さんに手を伸ばしたいが体が自由にならない。何とかその状況から逃れると、今度は腰の辺りにやはり締めつけられような感覚が襲う。今まで経験したことのない状況に、久保さんの脳裏に一人の男

の顔が浮かんだ。

「それが小学校からの友達でねえ。ああ、あれが何か言いにきたんだとすぐ分かったよ」

その友達は一週間ほど前から行方不明になっていたが、何の手掛かりもなく、捜索も手詰まり感が漂っていたのである。そんな最中の奇妙な出来事に、久保さんはその友達が何かを知らせていると感じた。そこで次の日、六人の猟仲間に友達を探しに行こうと呼びかけた。

「顔を見たんですか？　その絞められている最中に」

「いや何も見てねえけどはっきりと分かったから。そいでも集まってくれた仲間もどこに入ったかも分からないで、どう探すんだと言う人もおったねえ」

仲間の意見はもっともである。車が止まっていたとか、山へ入った場所がある程度特定出来れば探しようもあるが、実際には山へ入ったのかどうかも定かではない。しかし久保さんには何となく思い当たる場所があったのだ。

「六人で沢に入って登り始めたんだ。途中で二股に分かれる所があって、そこからは三人ずつで探したんだよ」

なかなか友達は見つからない。もとより何の確証もない捜索である。何とも気だるい思いが仲間たちに蔓延し始めた。一度集合すると再度同じ所を探そうと久保さんが提案する。なぜその地域に固執するのかは誰にも分からなかった。そして……。

「朝な、杖代わりにしようと木を切った場所があって、そこに来た時に臭《にお》ったんだよ。あれ臭せえぞって」

しかし他の五人には何の臭いもしない。久保さんは臭いの元を辿り付近を歩き回り、或る木の上を見上げた。

「友達がぶら下がってたんだ、そこに。朝もその辺りを通ってるんだけど、まったく気がつかなかったなあ」

六人の山人がその臭いに誰も気がつかないとは実に不思議だ。実はその少し前にも呼ばれた警察官がその場所を歩いているのだが、彼もまったく異臭を感じていなかった。異臭は久保さん一人にしか届いていなかったのだ。

「よっぽど久保さんに見つけて欲しかったんですね。仲が凄く良かったんですか？」

「いやあ、そんな仲良しってほどでもねえんだなあ。そりゃ小学校からの友達だけどなあ」

なぜ彼がぶら下がったのかはよく分からないが、最後は久保さんに見つけて欲しいと思ったのは確かなようだ。

切ってはいけない木と山中の太鼓

上野村の民宿で女将から寺の木を切った時の話を聞いた。

「うちの寺なんですけどね。何年か前に境内の大きな木を切り倒したことがあったんですよ。そうしたら人が次々に死んだんです。それもちょっと怪死って感じでね」

近くの川に流される、山菜採りで滑落、なぜか炬燵に顔を突っ込んでガス中毒と立て続けに死者が出た。それもすべて例の寺の役員関係者ばかり。

「それでやっぱりあの木を切ったからだってうちの旦那に言ったら、〝そんなことがあるもんか！〟って言うんですよ。だからまだ続くからって私は言い返したんですけどね」

奥さんの言葉通り、それからさらに三人が後を追う。やはり寺の役員関係者ばかりだった。さすがにこれはまずいと急遽檀家が集まって会議が開かれ、木の魂を成仏させるべく法要が営まれたのである。

「私のお婆ちゃんは、木を切るなら代わりの木を植えてから切らないと駄目だと言ってましたからねえ。そういうことはよく知っている人でしたよ、うちのお婆ちゃんは。神社の木を切った時は入札した人が急死したこともありましたねえ」

神社仏閣の木は安易に切れないという話をよく聞く。祟《たた》りという言葉はさすがに聞かれないが、やはり気をつけないといけない存在のようだ。

＊

上野村のすぐ隣に位置する神流町でもこれと非常によく似た話を聞いている。それは八倉という集落の大杉を切った時の出来事。伐採に関わった関係者が次々に死んだり事故に遭い一時集落が騒然となった。これは大変だと神事を催し、凶事はやっと収束したそうである。

＊

三十年ほど前のことだ。民宿の近所に一人の坊さんが太鼓を叩きながらやって来た。話を聞くと、直前に起こった事故の供養のために歩いていると言うのである。縁があってその坊さんを幾日か泊めたが、しばらくして長野県警から電話が入る。

「最初、何で長野県警から電話が来るんだろうかって思いましたよ。そうしたら行き倒れの坊さんがいて、その人の袂《たもと》に民宿の名刺が入っていたそうなんですよ」

本人の素性を示す物は、そのたった一枚の名刺しかなかったのである。

「見つかった日付を聞いて、あれっと思ったんです。多分発見される前日だったと思うんですが、太鼓の音がしたんですよ」

家の中にいると、周りの山で〝ドンツクドンツク〟太鼓を叩く音がするのだ。外に出て確認すると、あっちで〝ドンツク〟、それが今度はこっちで〝ドンツク〟。

「子供たちも全員で聞いていました。凄く気持ち悪くてね、警察の人たちに周り中を調べてもらいましたが、結局何も分かりませんでした」

女将さんは、その時の太鼓は世話をしたあの坊さんが別れの挨拶に来たのだと今では考えている。

*

実に明るくて元気な女将だが、家を新築した時は或る決断を下している。それは屋敷神を祀らないことだった。

「この辺りはどの家も屋敷神があるんですよ。でもねえ、きちんと祀ってないと何かあるとかいうでしょう。かえって何かあったら嫌じゃないですか、祀って。それなら最初から置かないほうが良いと思ったんですよ」

これはなかなか出来ない発想の転換である。しかし神にもともと正邪はない。触らぬ神に崇りなしで、近づかないという選択もあながち間違ってはいないのである。

狐狸の宴

上野村で話を聞いていると秋田県の阿仁を思い出した。経験談にかなりの類似点が見られるからである。特に狐火や狐狸に化かされる類いの話が驚くほど似ているのだ。そのような話をいくつか紹介しよう。

国指定の重要文化財旧黒澤家住宅の近くで会った婆ちゃんが中学生の頃の話。

「或る晩に近所の人が来てお酒をうちで飲んでいたことがあったの。その人は頑固者で少し村でも問題のある人だったのね」

あまり好かれる男ではなかったが、なぜかよく飲みに来たそうだ。その晩も酒を飲んでくだを巻きながら帰っていった。

「そうしたら夜中にね、二時くらいだったかねえ、爺ちゃんが〝おい、何か聞こえねえか。誰か叫んでねえか〟って言うんですよ」

眠い目をこすりながら戸を開けて耳を澄ますと、確かに誰かが叫んでいるようだった。そこで家の者数人と声を頼りに探しに出た。

「川のほうから声がするの。下りて見たら川の中で首出してその人が叫んでいるのよ、〝お～いコンコンさ～ん、お～いコンコンさ～ん〟って」

驚いた家人がその男を引っ張り上げたが、なぜ川の中で叫んでいたのかは本人にもよく分かっていないようである。

取りあえず家に連れ帰り、介抱しながら爺ちゃんが懇々と諭した。

「お前は悪いこともするからこんな目に遭わされたんじゃ」

よっぽど恐ろしかったのか、普段なら人の言うことなど聞く耳を持たない男が神妙な面持ちで黙っていた。

「それからその人、凄く大人しくなってね、村の人と問題を起こすこともなくなったのよ」

昔話では素行の悪い人間を眷属が懲らしめる話は珍しくない。しかしこれは五十年ほど前の出来事なのだ。

*

山中の小さな宿場だった白井《しろい》地区で長年農林業などに従事してきた藤田源一郎さん

の話。

「今は良い道が出来たけど、旧道は狭くて曲がっているんですよ。そこをね、早道しようと真っすぐに行って、そのまま迷って一晩中近所を歩いておった人が何人もいましたね」

話を聞いた帰りにその旧道を通ってみた。確かに狭いヘアピンカーブが三カ所ほどあるが、ここを早道、つまりショートカットしようとしてそのまま迷うとは不思議である。集落のすぐそばで道が分からなくなる奇妙な道迷いの典型だ。

＊

現在は湯の沢トンネルが出来て廃れてしまったが、昔から下仁田《しもにた》方面へ向かう林道がある。集落の中心から離れてはいるが、今でも家が点々と続く。昔はこの林道で下仁田方面に出るのが一番便利だったから多くの人が住んでいた。そのうちの一軒、仲澤一男さんの話。

「不思議なこと？　いやあ、そんな話はあまり無いねえ。私は山で怖いと思うこともないしねえ」

仲澤さん自身は不思議なことなど知らないし信じないというタイプらしい。しかし周りにはいろいろあったようだ。

「この下の道ね。昔は人が歩くだけの狭い道だったんだよ。道の少し上に住んでいる人が血相変えて家に駆け込んできたことはあったねえ」

その人は〝道に大岩があってどうやっても上に行くことが出来ない。何とかしてくれ〟と言うのである。家人が一緒に下りてみたが大岩などどこにも無かった。

＊

この大岩騒動と近い場所で、仲澤さんの婆ちゃんも不思議な光景に出くわしている。

「夕方なんだけど、うちの婆さんが道の向こう側でボウボウ燃える火を見たんだと。斜面の畑で誰かが野焼きをしてるのかと思ったけど、あまりに凄い勢いだったから山火事になりゃせんか心配したそうでね」

野焼きは日常のありふれた光景である。しかし見張りの人の姿も無く、ただボウボウと凄い勢いで燃える火は少し怖く感じた。そこで婆ちゃんは翌朝その家に注意しに行ったが……。

「何も無かったらしい。あんなに勢いよく燃えとった畑に焦げた跡も何も無かったって」

＊

仲澤さんの幼なじみのソーちゃんは山の中で賑やかな音を聞いたことがある。日中、尾根伝いに歩いていると、どこからか太鼓の音が聞こえてきた。何だろうと耳を澄ます。太鼓の音に混じって笛の音も聞こえる。これはお囃子だ。しかしこんな所でお囃子とは実に妙である。大体今現在、集落で祭りなど行われていないのだ。

不思議に感じたソーちゃんは、音を辿って山中を歩き始めた。音を頼りに進み、斜面の藪《やぶ》から苦労して抜け出ると、そこは楢原神社の境内で神楽殿のすぐ横である。しかし誰もいない。先ほどまであれほど賑やかに鳴り響いていたお囃子は聞こえず静寂に包まれていた。

「ソーちゃんはぼろぼろの神楽殿を見てすぐに分かったんだって。これを直せということなんだなってさ。それから自分の山で樹齢三百年の檜《ひのき》切ったり、仲間に声かけて寄付集めて神楽殿を綺麗に修理したんだよ。おれが〝ソーちゃんそれは神様のお告げじゃのうて、狸に化かされたんじゃ〟言うたら、〝そんなことあるか!!〟って凄く怒るんだよ」

これは十五年ほど前の出来事である。

＊

仲澤さんには子供の頃の忘れられない思い出がある。それは猟をしていたおじさんの出来事だ。

「おじさんが家にやって来てリュックの中から狸を引っ張り出したんだ。昔は狸の毛皮は高く売れたから、それを見せたいのかと思ったよ」

しかしおじさんは良い獲物が捕れたのを自慢しに来た訳ではなかった。この狸がいかに悪い奴で、自分をさんざん騙したロクでもない狸なんだと力説するのである。

「やっとこいつを捕まえたんだって凄く真面目に話すから、子供ながらにおかしくってねえ。狸が騙すなんて、そんな馬鹿なことがあるかって思ったよ」

周囲では経験者が多いが、仲澤さんは狸や狐がいろいろやらかすことを信じていないのである。

上野村では山の中で聞こえる太鼓の音やお囃子が比較的多い。これが秋田県ならすべて狸の仕業だということになるのだろう。

おにぎり婆

山間部では、家の外をすべて〝山〟と言い表す場合が珍しくない。特に北東北では顕著である。

今回、関東の平野部にもこれとまったく同じ考え方があったのを始めて知った。場所は茨城県笠間市である。地形的には若干の起伏はあるが、山といえるような感じではない。しかし林の中に点在する集落の住民たちは周りを山と呼んでいた。そんな〝笠間山中〟で暮らしてきた持丸美代子さんに話を聞いた。

「昔は山番っていうのがいてね、それは恐ろしかったのよ。勝手に人の山から薪拾ったり松葉を集めたりしたら、山番に捕まって縛られたとか話聞いてたから」

以前、山は生活に必要な物を得られる大切な空間だった。食料も仕事も、そして当然燃料も。しかし、自分の持ち山が無い人は、隠れて他人の山から持ってくるしか仕方がないのである。

林に落ちている枝や松葉が大切な資源だとは今では誰も考えないが、当時は貴重だった。それを守るためにわざわざ山番を配置したのである。

＊

「お婆さんの頃は、この家に囲炉裏《いろり》があって茅葺《かやぶ》き屋根だったの。子供の頃はすぐそばの涸沼《ひぬま》川も昔のまんまの土手でね、しょっちゅう狐の嫁入りが見えたのよ」

戦前の話である。夜中、美代子さんの祖母が〝ケーケー〟というけたたましい物音に目が覚めた。

〝あれは鶏だ、鶏小屋に狐が入って荒らしているにちげえねえ〟

貴重な卵を産む鶏を狐が襲っている、これは大変だと暗い中お婆さんは鶏小屋へと向かった。案の定、鶏小屋の周囲は大変な騒ぎである。

〝ケーケーケーケー〟

ああ、狐が鶏をくわえて逃げようとしている。何としても取り戻さねば。お婆さんは暗い中でその声を追い続けるが一向に近づけない。さんざん追い回したが、ついに諦めて家に戻った。翌朝、被害を確認しに鶏小屋を見に行って驚いた。鶏の数も減ってはいないし、何物かが侵入して荒らし回った形跡もなかったのである。

＊

大正時代、美代子さんの祖母が家に向かって歩いていると人影が見えた。それは自分の家へと向かう道と畑のちょうど境である。境界を示す杭の上に一人の老婆が座っていた。誰だろうと思いながら横を通る。杭に腰を掛けた老婆はおにぎりを頬張っていた。

「祖母はなんでここでおにぎりを食べているんだろう？　不思議な人だなあってしげしげ見たのよ」

頬被りをした老婆は口元だけがもぐもぐと動いている。表情は読み取れない。家に入ると祖母は家族に告げた、〝今そこに変なお婆さんが座っている〟と。

「家中の人が出てきてそこに行ったけど誰もいないのよ。それから辺りを随分と探したけど見つからなかったんだって。そんな遠くに行ける訳ないんだけどね」

月はどっちに出ている

昭和二十三年頃、美代子さんは実に不思議な風景を見ている。それは月が二つ出た奇妙な空である。

「家の横の道からずーっと向こうにね、観音山っていうのがあるの。今はお堂が無くなってるけど、その頃は大きな桜の木もあったよ」

ある晩のことである。家人が息せき切って家の中へ飛び込んでくると、家族全員を外へと連れ出した。何事かと美代子さんも外へ出て大人たちが指さす方向へ目を向けた。

「道の真っすぐ先に観音山があるんだけど、そこの桜の木にね、お月さんが掛かってたの」

葉もまばらな桜の木におぼろ月が重なって見える。美代子さんには大人たちがなぜ騒ぐのか意味がまったく分からない。

「お月さんがどうかしたの？」

「あれが月か？　じゃあこっちのは何だと思う」

言われたほうへ顔を向けて驚いた。空にはもう一つ月が輝いていたのだ。じゃあ、観音山の月はいったい？

「それはムジナだって教えてくれました。ムジナが体いっぱいに光を点けて見せてるんだって言われて、もうおっかなくておっかなくて」

狐が光る話は多く聞いたが、ムジナが光る話は珍しい。この悪戯ムジナが登った桜の木も今は枯れてしまった。

＊

美代子さんは謎の光に出くわしたこともある。

「あれは子供がまだ五歳でしたね。その頃はまだトイレが外にあってね、子供一人じゃ夜は行けないから一緒についていったの」

昔は母屋とは離れた場所にトイレが独立してあるのがごく普通のことである。夜中でも雨の日でもそこへ用を足しにいくのだが、面倒なので子供は縁側から済ませることも多かった。

「家とトイレの間で何か光る物が見えたのよ。最初は小さな点だったんだけど、それが急にばあって大きくなって近づいてきたの」

いきなり目の前にバレーボールくらいの光の玉が現れたのだ。驚いた美代子さんだが子供がそばにいるから大声は出さずに我慢したのである。

「ぎゃあああーって叫びたかったけど、子供がいたから言えなかったの。あれは恐ろしかったわ。きっと私に見せつけに来たんだと思うよ」

一瞬誰かが亡くなったのかと考えたが、そのようなことはなかったそうだ。

バスに乗りたかったのは

美代子さんのお父さんは地元のバス会社で運転手をしていた。当時はワンマン運転ではなく車掌さんが同乗する田舎のバスである。

或る冬の日のことだ。朝からちらちらと降っていた雪が昼過ぎから本格的になり、最終バスが出る頃には大雪になっていた。悪天候に外を歩く人影も見えず、もちろんバスに乗ってくる人もいなかった。バスは運転手と車掌だけを乗せて終点へと向かっていく。

「前もよく見えないくらいの天気で、もう誰も乗ってこないだろうって話してたら、先のほうに人影が見えたらしいの」

バスを待っているらしい人の姿を確認したお父さんはバスを止めた。車掌さんがドアを開けると、その人は雪を落としながら乗り込んでくる。暖かな車内で一言も発さない乗客を車掌さんは変な奴だとは思ったが、そのままにしておいた。

しばらく走ると最後のバス停が近づいてくる。そこで乗客に声をかけようとして車掌さんは驚いた。

「いないんだって、誰も。確かにそこの席にいたはずの人がいないの。それでそのまま車庫まで行ってね、父と一緒に車内を隅々まで探したらね、狐が一匹隠れていたんだって。この辺りは狐がたくさんいたからねえ」

あまりの大雪に狐も歩きたくはなかったらしい。

＊

美代子さんのお嫁さんにあたる人は勘が良い。ある日、家の裏で作業をしていると、ちょうど風呂場の横で竹藪がガラガラと激しく音を立て始めた。

〝あれ？　風が強くなったのかな〟

そう思って辺りを見渡したが、風はほとんど吹いてはいない。

「それで嫁さんは台所に行ってね、お新香を漬け始めたの」

「竹藪がガラガラ鳴って漬け物作りですか？」

「そう、親戚に危ない人がいたから、それが知らせだって分かったのね。それで葬式で出す漬け物の準備を始めたのよ。気の利く嫁だったから」

確かにその後すぐ知らせが届き、葬式の席上にはお茶請けとして嫁が漬けたお新香がならんだそうである。

首括りの木

茨城県の中央部にぽこんと突き出すのが筑波山である。古くからの霊場で、いかにも何かが潜みそうな雰囲気だ。しかし筑波山神社やケーブルカーなどを運営する会社に問い合わせたが、そのような話はまったく聞いたこともないという返事だった。そこで筑波山山頂でおみやげ屋さんを営む人に話を聞いてみた。

「火の玉とか人魂？　ああそういう話は聞いたことがあるよ。あれはゴイサギが光るんだ」

「ゴイサギですか？　よく聞くのはヤマドリが朝日や夕日に反射して光るって説ですが」

「いやあ、この辺りじゃゴイサギだなあ。もちろんヤマドリもいるけどねえ」

筑波山周辺では、謎の光玉の正体はゴイサギらしい。ゴイサギが腐肉を食べると体が光ると考えられているそうだ。

＊

筑波山周辺には昔からシシ垣があったそうで、猪はたくさんいたらしい。この方も山へ入ると猪の足跡を探して下を見ながら歩くのが習慣である。

「筑波山は結構ぶらさがるんだよ、これね（首に手をあてる仕草）、人がぶら下がった枝は人家に近いとかならず切ったもんだ。山の中だと気がつかない時もあるんだよ。猪の足跡ばかり見てっからね。俺も一回あるんだ。ぶらさがってる下を歩いてたの。家に帰ったら騒ぎになってて、訊いたらそれよ。下見てっからよ、全然気がつかね」

筑波山周辺で〝ぶら下がる〟のはほとんど他地域の人で、あまり近所の人はいないらしい。

＊

神社のそばで食堂を営む婆ちゃんも、やはり謎の光はゴイサギだという。この婆ちゃんが十歳くらいの頃の話。

「近所の人でね、池の中にどんどん入っていった人はいたよ。その人、睡蓮《すいれん》が綺麗に咲いてるって言いながら入っていってね、そのまま……睡蓮なんて咲いてないのよ、その池。ああいうのを狐の仕業っていうのかねえ」

＊

先述の持丸美代子さんからも、いくつか狐の話を聞いた。そこで思い立って近所の笠間稲荷神社に足を運んで関係者に話を聞くと……。

「我々は神様の使いである狐が悪いことをするなどとはまったく思っていません。狐憑《つ》きなどは精神の病です。そのようなことは一切ありません」

正一位稲荷大明神の眷属である狐は、もちろん悪さをしないだろう。しかしすべての狐が神の使いになれるはずもない。やはり何かをやらかす個体はいると思うのだが。

山音

山では実にさまざまな音が聞こえる。鳥のさえずり、木々のざわめき、動物の鳴き声。しかし時には山に慣れた人でも、ぎょっとする音に出くわすことがあるのだ。それが人の笑い声であったり絶叫なら、髪の毛が総毛立つだろう。

「私が住んでいる所から西のほうは時々〝ど～んど～ん〟って音は聞こえますね。それが何かはよく分かりません。富士山の自衛隊ですか？　そんなことはないでしょう」

東京都檜原《ひのはら》村のシルバー人材センターで会った人は演習の音ではないと言う。実は周辺では謎の〝ど～んど～ん〟を聞いた人が少なくない。奥多摩方面の林業関係者もたまに聞くが、彼らはそれを富士山の自衛隊の演習音だと納得している。

檜原村のベテラン猟師平野公一さんも猟の最中に聞いたことがあるという。もちろん猟銃の発砲音ではなく、辺りに響くような感じだったそうだ。三峯《みつみね》神社の参道で土産物店を営む人も〝ど〜んど〜ん〟を聞いている。果たしてこれらは本当に北富士演習場から聞こえたのだろうか。

演習場からは奥多摩町まで直線約五十キロ、三峯神社は約六十キロである。平野や海上ではなく、間には山々があり多くの町がある。そこを飛び越えて、ピンポイントで突然〝ど〜んど〜ん〟が降ってくるものだろうか。また演習場の音だとしたら、一日中聞こえなければ妙である。自衛隊のホームページで演習日のスケジュールを確認すると、朝から晩まで訓練をしているからだ。つまり二、三回〝ど〜んど〜ん〟が聞こえて終わる訳がないのである。

この謎の音は東北地方でも聞かれている。岩手山の麓、雫石《しずくいし》でペンションを営む人も山中で聞いている。それは地響きが辺りにするくらいだったそうだ。

＊

ペンションのオーナーはこの音以外にも子供の頃の話をしてくれた。

「私は山梨県の山村の出身なんですよ。子供の頃、事情があって近くの家を転々とした時期があったんです」

或る家に厄介になっていた時だ。オーナーが一人二階の部屋で寝ていると、突然

〝わーはっはっはっはっは〟と大きな笑い声が聞こえてきたのである。真夜中、突然の大笑いに目を覚ましたオーナーは布団から起き上がった。

「下には大家さんのお爺さんが一人住んでいました。普通なら目が覚めても起き上がったりしませんよ。でもそのお爺さん、十日くらい前に死んだんです。下には誰もいないはずだから、変だと思って起き上がったんですよ」

起き上がったはよいが、結局下まで確かめに行くことは出来なかったのである。やはり子供には恐ろしい出来事だった。

これと似た例は秋山郷のマタギが経験している。夜の山の中で突然の大きな笑い声に包まれて集落に逃げ帰る話だ。大笑いだったり〝ど〜んど〜ん〟だったり、山の中では特別に賑やかな日があるらしい。

狐火いろいろ

日本列島の中央部に広がるフォッサマグナ（大地溝帯）、その西端が糸魚川《いといがわ》静岡構造線である。その中に位置し、糸魚川へ流れる姫川を中心に広がるのが長野県小谷《おたり》村だ。盛り上がる北アルプスの麓では多くの狐火に関する話を聞いた。

「集落ではしょっちゅう見ましたよ」

そう語るのはベテランの猟師であり村議でもある鷲沢仁さん。正体は分からないが、飛び回る光の玉は珍しい物ではなかったそうだ。

「一番よく覚えているのは一九号線を走っておった時ですね。あれは確か秋だったかなあ」

当時山仕事に従事していた鷲沢さんが薄暗くなった山間部をトラックで走っていると、何かが視界に入った。何だろうと目を向けると……。

「バレーボールくれえの大きさでね、こう光る玉が車と同じ方向に飛んでいくんですよ。色は青かったねえ」

*

狐火の色に関しては全国的に青派と赤派に大別される傾向がある。小谷村で聞いた例でも赤と青に分かれていた。ただ千国《ちくに》地区では、かなり特殊な狐火の話を矢口統一さんと栗田喜光さんに伺った。お二人とも八十歳をとっくに過ぎているが、非常に頭脳明晰な方々である。

「狐火は別に珍しいもんじゃなかったですねえ。黒川のほうには特によく見えたもんですよ。あれは山の中で作業をする人がぼんぼりみたいな物を持っているんで、それじゃいわれておりました。ただ道も無い人も入らないような所にも光は動いてましたけどねえ」

夜中、山を飛び回る光は普通の光景だったそうだ。

「あれはもう六十年も前かなあ、この（千国の庄史料館）すぐ上で飛んでいたのを見たけんどなあ」

今では国道から離れているが、昔は〝塩の道〟として栄えた街道沿いの集落である。その中心部にバスケットボールくらいの狐火が現れた。

「それが本当にふわ〜っふわ〜って感じで飛ぶんですよ、ふわ〜っふわ〜っ、って」

その時二人の男衆の二十メートルほど前には二人の女衆が歩いていた。屋根の上を飛んでいく狐火を同時に複数の人が見ていたのである。男二人はすぐに狐火の後を追ったが、一軒の茅葺き家に吸い込まれるように姿を消した。仕方なく街道へ戻ると女衆が震えながら寄ってくる。

「二人の女の人は、もう怖いから家まで送ってくれ言うんですよ。少し離れた所だったけど送っていきました」

道すがら話をすると、同じ狐火を見ていたにも関わらず、その色が違うことに気がついた。

「私たちはね青い色に見えたんですがね、女の人たちは赤い光だったたって言うんですねえ」

同じ狐火を見たはずなのに赤と青というまったく違う色に見えたのは、見上げた角度の違いか、はたまた性別の差なのであろうか。

＊

「私の父親は若い頃坊主にやられた言うとりましたねえ」

栗田さんのお父さんは白馬村《はくば》のほうへ酒造りの手伝いに行っていた時期がある。その帰り道、遅くなり夜道を足早に歩いていると向こうから誰かがやって来るのに気がついた。

「最初はよく分からなかったらしいけど、近づいたら坊さんだったそうなんです。それで、すれ違うときに〝こんばんは〟言うて挨拶をしたんですよ」

顔見知りの坊さんではなかったが、一応挨拶をするのは田舎の礼儀である。しかしその坊さんは挨拶を返すどころか見向きもしない。変な坊さんだと思いながらすれ違いざまに振り向いたが誰もいなかった。

「暗闇であんなにはっきりと見える訳がないと。それが見えたんで坊主にやられたと言うたんでしょうねえ」

やられたといっても、何をされた訳でもないから狸やムジナの仕業かも知れない。この謎の坊さんとすれ違った人は複数いるそうだ。

五十年目の神隠し

「ここら辺りの山には山の神様を祀った祠がたくさんあるんですよ。それが本当は何を祀ってあるかはよう分からんですがねえ」

八百万《やおよろず》の神が存在するお国柄、田畑、川、海、岩とあちこちにさまざまな神様がいる。とりわけ山の中はどれくらい祠があるのか皆目見当がつかない。それは祠を祀るのが公的な行いと一致しないのが原因である。個々人が祠や社を建てるのは基本的に自由なのだ。街中の小さな庭や工場の片隅に稲荷などの社を見かけることがあるが、あれと同じ感覚なのである。

「人がいなくなった話？　いやあ結構何人も山に行ったまま帰らん人はおるけど……」

「それはお年寄りですか？　認知症だとか」

「そんなんじゃないですねえ。突然山に行ってくるって出掛けてそのまんま。そういう人は多いかなあ」

これまた山間部ではよく聞く普通の行方不明者の話である。

＊

「あのう、ほれ。この上の○○がおらんようになったことがあったなあ。三歳くれえの時によ」

「ああ、あったあった。畑の横通ってどんどん山へ入っていった時の話やなあ」

栗田さんが思い出してくれた五十年前の行方不明事件とは……。

或る天気の良い昼下がり。千国集落の若夫婦が畑で野良仕事に精を出していた。家から連れてきた三歳になったばかりの息子は大人しく一人で遊んでいた。彼が急に立ち上がり歩き出すのを両親が見ている。そしてそのまま彼の姿は消えてしまった。

「畑の横を歩いていたところまでは見てたんだなあ。だからそんな遠くへ行くことはねえって安心してたんだろ」

いつもの場所でいつもの仕事、何ら変わったことは起きないと両親は思っていたが、息子は消えてしまった。しばらくして千国の集落は大騒ぎとなった。皆で手分けして子供が行きそうな場所を徹底的に探したが、どこにもその姿は見つからない。大勢の人が集まり、どうしたらいいか途方に暮れていると一人の老人が声を上げた。

〝山の峰の下にある祠の所にいるんでねえか〟

〝山の？　あんな所に祠があったか？〟

〝いやあ、三歳になったばかりであんな奥まで行ける訳がねえ〟

集落の人たちはそんな所にいるとは誰一人思わなかった、その老人を除いては。相手にされない老人はそれでも諦めずに声を張り上げた。

「ちょうど今から五十年ほどめえにな、一歳くれえの子供がいなくなったんだ。まあだ歩き始めでよ。それが見つかったのが××山の祠の所なんだ。きっと今度もそこにいるにちげえねえ」

信じがたい話である。しかし今はもう他に探す場所が誰にも思いつかなかった。諦め半分で集落の者数名がその祠へと向かう。大人でも楽ではない登りに息が上がる。

〝こんな所に来る訳がねえ。無駄足だ〟

誰もがそう思いながら登っていった。

「結局○○はその祠ん所におったんだ。何でそんな所まで行ったのかはまったく分からねえんだなあ。ちょっとぼおっとした子だったから、狐に連れていかれたんだってみんな言ってたもんだよ」

五十年前に起きた神隠し的な事件を解決出来たのは、それからさらに五十年前の出来事を覚えていた老人のお陰である。歩くのも覚束ない幼児が一人で信じられない場所まで行ってしまった例は時々聞く。しかし五十年の間隔でまったく同じ出来事が起きた例は聞いたことがない。

五十年、そういえば○○君失踪からそろそろ五十年が経つのだが……。

（○○君は現在五十歳半ばで元気に暮らしている）

謎のスキーヤー

東西を険しい山に挟まれた小谷村には多くの獣が生息する。特に熊は個体数が多く、昔から地元猟師にとっては大切な山の神からの授かり物だ。かつては小谷村でも八十人以上の猟師がいたが、今実際に熊を追えるのは十人もいないのではないかといわれている。その中でも凄腕の猟師として知られる岡沢照男さんの話。

「不思議な話？　いやあ、あんまりそんなのは聞かねえけどよ。蛇は凄いのを見たことはあるよ」

岡沢さんが若い頃、山で一仕事を終えた時のことである。春先の気持ちいい陽気で、車から降りると暖かな日差しを浴びて佇んでいた。

「別に何をしてた訳じゃねえんだよ。ただぼーっと辺りを見てたんだ」

しばらくして林道に佇む岡沢さんの耳に妙な音が聞こえてきた。

「何だか〝ザーザー〟雨みたいな音がするんだよ。何だあって辺りを見たら蛇なんだよ。それがどす黒い色したヤマカガシなんだ」

ヤマカガシは各地域で色や模様がかなり違うことが最近分かってきている。場合によっては死に至る毒蛇であることが知られたのもそう昔ではない。

「凄く太いヤマカガシで、ちょうどそうだなあ、消防のホースくれえあったな」

ほぼ大蛇といってもよいヤマカガシが這いずる音が、例の〝ザーザー〟だったのである。岡沢さんが見ていると、ヤマカガシは茅の中へと入り込んでいく。姿は消えたが、その進む方向ははっきりと分かった。巨大ヤマカガシが進むと茅が大きく波打ったからである。

＊

小谷村から少し西へ進むと、新潟との県境を越えて糸魚川市へ入る。その山中、標高一四七五メートル付近にあるのが蓮華《れんげ》温泉だ。絶景の秘湯として知られ、特に露天風呂が人気である。そこの仙気の湯に浸かっていた岡沢さんは妙なモノを見ている。

「露天風呂に入ってたんだよ。六人くらいは入ってたかなあ、そん時。ゆっくり浸かってたら目の前の斜面をすーってスキーヤーが滑ってくるんだよ」

残雪の上を滑る人がいてもさほど驚きはしない。しかし岡沢さんの目が止まったのはその格好である。

「それが古臭いんだよ。ハンチング被って滑ってるんだけど大昔のスキーヤーなんだ、それがどう見ても。あれ？ 変な奴だなあって見てたら、少し下がった所でぱって消えたんだ」

ええっ、そんな馬鹿なと思った岡沢さんは体を乗り出して辺りを見回すが、それらしいスキーヤーの姿はどこにもない。

「俺、思わず振り向いて風呂に入っていた連中に訊いたんだ、〝今の見た？〟って」

六人ほどが同じ風呂に浸かり同じ方向に顔を向けていたはずなのに反応がない。しかし怖ず怖ずと中の一人が言った。

「僕、見ました」

富山から来たという人と岡沢さんにしか、古くさい格好のスキーヤーは見えなかったのである。

「俺はな、幽霊とかほとんど信じなかったんだよ。でもそれからそんなこともあるかも知れねえって思うようになったのよ。だから不思議な話する人がいても完全には否定が出来ないんだよな、自分も見てるから」

＊

心身ともに頑健で豪快な岡沢さんだが、実に繊細なセンサーを元来持っているようだ。当人は勘が良いと表現するが、単なる勘とも少し違うかも知れない。

「熊猟で山に入ってたんだ。マチ場で立ってたんだけど、もうこの辺りがどうしようもなく変な感じがするんだよ」

話しながら岡沢さんは盛んに右腕から肩にかけてさすってみせた。なぜかはまったく分からないが、ゾワゾワとした嫌な感じが右腕あたりから離れない。

〝パキッ〟

その時、耳に微かな枝折れの音が聞こえてそちらを振り向いた。

「顔向けたら、すぐそこに熊が出てきたんだよ。まったくよお、無線で聞いた方向とは全然違う所から出てきやがってよお」

もちろんその熊は岡沢さんから逃れることは出来なかった。このように山の中で急にぞくっとしたり何とも嫌な感じがすることは珍しくない。その場合、山人たちは〝魔物に見られている〟とか〝獣に見られている〟と感じる場合が多いようだ。岡沢さんはこの時近づいてきた熊の存在に第六感が働いたのかも知れない。

＊

岡沢さんが春熊猟に出掛けた時のことだ。無事に猟を終えたのは奥山のほうである。林道まで出ると電話をして迎えの車を待っていた。

「もう夕方だからかなり暗くなってたなあ。木の間から車のライトが見えたんだ、それで仲間と手え振ってな、こっちだこっちだって叫んだんだよ」

てっきり迎えの車が上がってきていると思ったが、何かおかしい。そのライトの動きは走る車のものとはかなり違ったのである。

「あれ、変だなあ、本当に車かって仲間と話してたら、ぱっと消えちまったのよ」

それからしばらくして本当の迎えはやって来たのである。

一緒に来たのは

小谷村は昔、日本海から松本方面に塩を運ぶ塩の道として栄えた。塩以外にも多くの産物が街道を行き来したのである。現在は国際的なスキーリゾートして栄え、多くの観光客が訪れている。

栂池《つがいけ》のスキー場近くのペンションオーナーの話。

「不思議なことですか？　中学生の頃に運動場の近くに墓場があったんですよ。そこに光の塊がふわふわ飛んでいるのは見ましたけど……多分、夕日が反射したんでしょうねえ」

空中を彷徨う何に夕日が反射したのかまでは考えないようにしているらしい。

＊

知り合いでやはりペンションを経営する人の体験談。ある日、地下室に下りると、そこに人が立っていた。誰だろうとよく見ると知った顔である。

「それが時々来てくれる人だったそうです。実はその時、旦那さんが一人で来ていたので、後から奥さんも来たんだなと思いました」

遅れてきた奥さんがたまたまそこにいたと判断したのだが……。

「夕食の時に食堂で見たら、その旦那さんが一人なんですよ。あれ奥さんはどうしたの、ご飯食べないんですかって訊いたら、〝妻は亡くなった〟って言われて凄く驚いたらしいです」

＊

親戚筋の息子は、ある日、道で視線を感じて振り向いた。そこには見知らぬ中年女性がこちらをじっと見つめている。

「知り合いかな？　いや見たことない人だなあ、やっぱり」

あまりにも見つめられるので、気持ちが悪く感じてそそくさとその場を離れたが……。

「どうもね、そのおばさんがずっとついてきたんだそうですよ。それからずっと付きまとわれたみたいで、凄く気持ち悪いって言ってましたね」

そのうち見ず知らずのおばさんストーカーは、時折話しかけてくるようになった。しかし何を言っているのかがまったく理解できないのである。どうやらこの世のモノではないらしいと感づいた彼は、近くの拝み屋さんに駆け込んだ。

「その拝み屋さんが言うには、謎の人物は古い縁者らしいんですよ。でも墓には自分の名前が書いてなくて、それが残念だと思っていたそうです」

そこで寺の古い記録を調べると、確かに一人だけ墓に書かれていなかった人を見つけたのである。その名前を墓に刻むと、例のおばさんストーカーは現れるのをぴたりとやめた。彼女がどんな理由があって省かれたのかは今となっては分からない。しかし自分も家族と一緒にして欲しいと願っていたのかも知れない。家族とはそういうものなのだ。

ささやく男

現在、都内に住む小泉美枝さんは子供の頃、母の実家がある小谷村によく行ったそうだ。自然が豊かで山懐に抱かれた集落は大切な故郷である。

「狐憑きの話はおじじから聞いたことがあります。村の人が急におかしくなって、家の中でグルグル回ったかと思ったら、ばたーんとひっくり返るんです。それから天井まで届くくらいに跳び上がったそうです」

＊

子供の頃に小谷村によく遊びに行っていた小泉さんには、今も忘れられない光景がある。それは或る早朝、親戚を駅まで見送りに行くために坂の上にある家を出た時のことだ。

「家からずーっと歩いて駅まで向かうんですよ。一本道を進んでいたら下のほうの家の屋根がぼーぼー燃え上がっているんです。これは大変だ！ってみんなで走っていったんですよ」

大慌てで駆けつけたが、先ほどまで燃え上がっていたはずの屋根は煙一筋上がっていなかった。

*

自然が大好きな小泉さんは、若い頃よく山歩きにも行った。十九歳の時に奥多摩方面へ向かった時の話。

「あれは帰りがけでしたかねえ。日原《にっぱら》鍾乳洞の近くまで下りてきて、テントを張るのにちょうど良い場所があったんです」

男女それぞれ三人ずつのパーティーである。二張りのテントを設営すると簡単な食事の準備に取り掛かった。

「カレーか何かを作りましたかねえ、それを食べてから、しばらくしてテントに入ったんです」

夕食とその後のおしゃべりはまた山の楽しみである。いろいろなことを語らいながら徐々に眠りにつくのは至福の時だ。その日はかなり歩いたせいもあって気持ちよく眠れそうだったが……。

「うつらうつらしていたら急に男の人の声がしたんです」

〝俺は〟

小泉さんはなぜか心の中で男の声を繰り返した。

「俺は」

〝ここで〟

「ここで」

…………

〝死んだ〟

小泉さんは叫び声を上げるとシュラフから飛び起きた。そして皆に急を知らせる。たちまち狭いテント内がパニック状態に陥った。騒ぎを聞きつけた男性たちが駆けつけるが、彼らもまた、テントの周りを歩き回る謎の足音に悩まされていたのだ。

「奇妙な声でした。人工的な感じで脳内に直接入り込んでくる感じ。他の二人はそんな声を聞いていなかったんですが、一人は首を絞められたような〝うげぇ〟っという低い叫びは聞いたそうです」

警察で事件や事故の現場なのか確かめようと仲間と話したが、結局しなかった。

「やっぱりってなったら、もっと怖いじゃないですか」

結局、因縁は不明のままである。

叫ぶ女

富山県は立山黒部アルペンルートを擁する山岳県である。地元の子供たちは授業の一環として登山をすることが当然なのだ。しかしすべての人が山好きかといえば決してそうではない。すぐそばには美しい海があるからだ。どちらにしても大変羨ましい環境ではある。日本海から白馬岳《しろうま》山頂付近までを町域とする朝日町で話を聞いた。

＊

ガラス工芸作家の湯島淳さんは、学校行事としての登山にあまり興味が湧かなかった。

「そんな山なんか行かんでもいいやろ思ってましたねえ。あんまり山そのものに関心が無いんです。渓流釣りをするようになったんは学校の先生でフライをする人がおったからです。

面白い先生でね、渓流に連れていってくれたりして楽しかったですよ」

山そのものには関心は無かったが、渓流釣りの魅力を知った湯島さんは頻繁に山へ入るようになる。オフロードに強い頑丈なトライアルバイクで道無き道を走破して、魚との出会いを楽しんでいるのだ。

「かなり奥まで入りますね。いつも行ける所まで行くんですが、そこでスーパーカブを見て驚いたことがあります」

それはトライアルバイクでも簡単には進めないような場所だった。苦労して辿り着くと、そこに一台のスーパーカブが止まっていたのだ。

「それは廃車ですか、ぼろぼろの？」

「いや違いますね。ピカピカでした。普通に乗っている感じなんです。でもどう考えてもそこまでスーパーカブじゃ入れる訳ないんですよ」

あまりに不思議な光景に、湯島さんはその周辺をくまなく探し回った。カブが入れるようなまともな道がどこかにあるかも知れないと考えたからである。しかしいくら探してもそのような道は無かった。

「あれはどうやって上がってきたんですかねえ？　トライアルでも難しいコースなのに」

誰が何の目的でそこにスーパーカブを止めたのか、結局何も分からない。

＊

湯島さんには廃屋マニアの友達がいる。といっても、いわゆる廃墟好きではない。廃屋の近くには捨てられた空き瓶が転がっていることが多い。この空き瓶が彼の目的なのだ。

「古い空き瓶を集めるのが彼の趣味なんですよ。廃村を回って朽ちた家のそばから拾ってくるんです」

世の中にはさまざまな趣味趣向があるものだと感心する。

「彼が山の中を歩いていた時、〝ぎゃあああああっ〟って悲鳴が聞こえたそうなんですよ」

山々を車で移動しながら廃村を見つけると中へ入り、歩いて廃屋を探索する。誰もいない廃村でのいつもの作業だった。

〝ぎゃあああああっ〟

彼は突然の叫び声に驚いた。そこには時々何か怒鳴るような声も混じる。

「こんな所に誰かいるのか？」

集落の入口付近には他に車は見当たらなかったはずだ。不思議に思った彼は、その叫び声のほうへと足を進めた。一軒の廃屋に近づくと声が一層大きくなった。彼は身をかがめて廃屋のそばへ寄り、生け垣から頭をそっと出した。廃屋の前に一人の女が立っている。

〝お前らが○××△：＃だれ＞も、ぎゃああああっ〟

何を言っているのかはまったく分からないが、全身を振るわせて叫び続ける女。そのただならぬ後ろ姿に見入っていると、女の動きがぴたりと止まった。揚げていた手をゆっくりと下ろしながら女の首が動き始める。そう、今まさに自分のほうを振り向こうとしているのだ。

「彼はそこで身を隠して、そのまま一目散に逃げ出したそうです」

「顔を見なかったんですか？」

「いやあ、見ることは出来ないでしょう、やっぱり」

確かに怖すぎる状況ではある。

赤い部屋

湯島さんは学生時代、いわくつきの廃屋へ友達と行ったことがある。そこは石川県の山の中にあるかなり立派な洋館だった。何かの工場の保養施設だったといわれているが定かではない。

「一階に入ったら機械がいろいろ置いてあったんです。ああやっぱり工場の関係やらなと思いましたね。そこは芸術家みたいな人が買い取って住んでたらしいんです。まあ地元では有名な心霊スポットでしたよ」

興味本位で友達数人と洋館内を散策する。

「内部はかなりぼろぼろでした。二階へ上がる階段も朽ちてはいたけど、まだ上がれる状態やった」

傷みは激しいが、さほど危険を感じることはなかった。全員が二階に上がると、最初の部屋の戸を開ける。

「真っ黒なんですよ、部屋の中が」

がらんとした部屋には窓から薄明かりが差し込んでいた。天井、壁、そして床までがなぜか真っ黒な部屋は異様な雰囲気に満ちている。中で目を引いたのは椅子だった。

「椅子が一つだけ部屋の中にあるんです。黒い壁の前にね」

何かを感じてその後ろを覗き込む。

「部屋全体は真っ黒なんです。でもその椅子の後ろだけね、白いんですよ、壁が。何かが垂れたようにも見えるんです。こう、もやもやとした汚れのような気持ちの悪い感じがしましたね」

もうこの部屋だけで充分すぎるくらいだ。しかし誰も帰ろうとは言わない。そして次の部屋のドアを開けると……。

「真っ赤なんです」

真っ黒な部屋から出て、次に入り込んだのは何もかもが赤く塗られた部屋だった。壁も天井も床も、理由は分からないが真っ赤。先ほどの黒い部屋よりも遥《はる》かに異様な空間の中で全員が固まっていた。中でも部屋の異様さを一層際立たせたのは、床一面に散らばった写真だったのである。

赤い部屋の内部にも家具らしい物は無かった。がらんとした空間を見渡していると、湯島さんは壁に付けられた薄い物入れの棚に気がつく。

「何だろう？」

近づいて観音開きの戸に手を掛け、開けると息が止まった。

「顔なんですよ。大きな顔がこっちを見てるんです」

棚の中には一面にアップで映った顔の写真が貼ってあったのだ。まるでお化け屋敷の仕掛けではないか、誰かが仕組んだとすれば。これはかなり手の込んだ悪戯なのか？

「本当はもう帰りたかったんですけど、最後の部屋が目的地だから進んだんです」

次の部屋こそが今回の廃屋探検のメインである。戸の隙間からは顔がいくつも見えるという噂を確かめに来たのだ。実際に隙間から中を伺うと、確かに人の顔がちらちら見えた。ただし見えたのは、湯島さんともう一人だけである。話し声も聞こえてきた。黒い部屋から始まった恐怖が頂点に達して、全員が廃屋から逃げ出したのである。

「もう必死で逃げましたよ。少し離れたところで廃屋を振り向いたんです。そうしたら二階の窓一杯に顔があるんです」

それは赤い部屋の戸棚に張ってあった写真と同じ顔だった。ただ先ほどの表情とは感じが変わっている。何とも恨めしいような顔つきは一層恐怖感を煽った。それが窓一面を覆い、ゆらりと動いていたのである。

＊

次の日、湯島さんは廃屋探検のメンバーの一人とドライブに出掛けた。田舎道をしばらく走ると自動販売機を見つけて休憩することにした。

「ちょうどチェーンの着脱場所になってる所で広いんです。そこに車を止めて休んでいたら、そいつが急にしゃがみ込んだんですよ」

友達は急に眠くなったと言うと、そのまま倒れ込んでしまった。つい今し方まで普通に話をしていたのにである。

「そいつが倒れ込んだのが道路のほうなんです。頭が完全に出ていて危ないから起こそうとしました」

しかしぴくともしないのだ。太っているわけでも大男でもないのに、まるで鉄の塊が横になっているように微動だにしない。焦る湯島さん、全身の力を込めて友達を引っ張るが動かすことが出来ない。いったん呼吸を整えると唸りながら再度友達を引っ張り上げた。

「必死でしたよ。そうしたらやっと頭一つくらい動かすことが出来たんです」

その瞬間一台の車がぎりぎりの所を走り去った。友達の頭は間一髪で潰されずに済んだのである。

夜の訪問者

ガラス工芸作家である湯島さんが工房で作業していた時のことだ。バーナーでガラスを炙《あぶ》りながら、ふとどこからか視線を感じた。

「何か誰かに見られている感じがして仕方がないんですよ。窓の外に誰かがいるような気がするんです。ちらちら動くんですが、どうやら子供なんですね、それ」

気になる視線は窓の外から向けられている。しかし工房は二階にあり、夜中に子供が覗き込むことなどあり得なかった。

「次の日、窓ガラスにね、手形がいくつもあったんです。小さな掌、子供がやっぱり覗いていたんでしょうねえ」

バーナーの火が珍しかったのか、それとも湯島さんの手業に見とれていたのだろうか。

＊

後日、工房の前が賑やかになった。空き地だった所で造成工事が始まったのだ。五月蠅《うるさ》いなと思いながらも我慢するしかない。しかし数日後工事が唐突にストップした。そして何か分からないが慌ただしく多くの人が出入りする。しばらくして落ち着くと、今度は神主がやって来て神事が始まった。

「おかしいな、地鎮祭なら最初に済んでいるのになあ」

不思議だったので関係者にそれとなく訊いてみると、人骨が出てきたというのである。それも小さな骨で、恐らく子供の物だという。それが事件なのか事故なのか、はたまた昔の墓なのか詳しいことは分からなかったが、湯島さんはきっとあの子なんだなと思えてならない。

＊

火の玉や狐火と呼ばれる現象は山の中や野原でよく見られるようだ。しかし湯島さんは自分の部屋で白っぽい火の玉状の物が尾を引きながら飛び回るのを見たことがある。

「ふわーって飛びながら玩具に触れたんですよ」

その玩具は夜店で手に入れた物で、バネでドアノブに固定されていた。白い尾を引きながら謎の物体は部屋中を飛び回り、例のバネ玩具に触れたのである。

「そうしたらその玩具がびよんびよんって動くんです」

奈良県では飛んできた火の玉がぶつかって転んだ爺ちゃんの話を聞いた。その話と併せて考えると、謎の光玉にはひょっとして質量が存在するのかも知れない。

大蛇の森

朝日町の羽入《はにゅう》地区はマタギと縁のある集落だ。マタギ独特の熊猟である春先の巻き狩りを直接秋田のマタギから教わったのだという。ただマタギが住み着いた訳ではないので、マタギの里とは名乗っていない。あくまでもマタギの猟法が残る南限ということらしい。しかし熊に関しては特別な意識を強く持つ集落で、〝熊が捕れないような男は男として認められない〟そうだ。

その羽入集落随一の猟師青島照夫さんに話を聞いた。

「山で怖い不思議なことなんて何も無いよ。そんな経験をするのは臆病だからなんだ」

屈強な猟師からよく聞くいつもの話である。

「蛇？　大蛇？　それは普通におるな」

十数年前、青島さんがゼンマイ採りに山へ入った時のことである。斜面の下で昼ご飯を食べていると、パラパラと小石が落ちてきた。風も無いし何かが歩いているのかと思った青島さんが大きく回り込んで上に登って見ると……。

「こんな奴だったなあ。ビール瓶よりもかなり太いんだ。そいつが通ると草がべったり倒れて溝みたいになるんだよ。色はそうやなあ、ヤマカガシに似とったなあ。それくらいの蛇はおるから。ゼンマイ採りに行って逃げ出してくる人が何人もおるんや」

青島さんの知り合いは家の近くで大蛇を見つけて写真を撮ったそうだ。どうやら親ウサギを丸飲みしたようで、尋常ではない太さだったらしい。

＊

同じく羽入集落の久我口さんも大蛇に遭遇したことがある。場所は北又谷という所で、時期は五月、仲間二人と山菜採りに行った時だ。

「沢沿いに歩いておったんだ。そうしたら草むらで何か動くんだよ。草が大きく二つに分かれてなあ、見たらでけぇ蛇なんだ。消防ホース？　ああそれくらいはあったな。生まれて初めて見たよ、あんな太い蛇は。それ見たら二人は逃げ出してしまってな」

仲間は逃げたが、久我口さんは山菜のほうが大事だからと大蛇を跨いで採り続けたそうである。

＊

この北又谷付近で大蛇を見た人は他にもいる。森林組合に勤める藤井寛樹さんが小学生の時のことだ。

「北又谷の沢沿いで遊んでいたんですよ。確か父親の職場か何かの関係でバーベキューをしとったんですね」

バーベキューに飽きた藤井少年は一人で河原を散策していた。そこで見たのは信じられないくらい大きな蛇だった。

「消防のホース？　ああ、そんな感じでしたよ」

「やはり草が大きく倒れていたんですか？」

「いや、河原にごろんとしてました。色は黒っぽかったですね。もうびっくりして父親に知らせに行ったんですが、〝お前は何を言っとる〟って相手にしてもらえませんでした」

草むらを掻き分けザーザー音を立てながら進む姿はよく見られているが、河原で無防備に全身をさらすのは非常に珍しい。大蛇にとってよほど安全な場所なのだろうか。

＊

大蛇が生息していそうな北又谷を地図で確認していると、気になる地名を見つけた。その名も死人谷という。昔、行者と思われる白骨死体が見つかったことから名付けられたそうである。かなり詳しい地図でしか見つけることは出来ず、地元の人ですら知らない人が多い。同じく死人谷と呼ばれる地が和歌山県にあるが、そちらはネット上でも見ることが出来る。謂われはまったく同じで、やはり行者が行き倒れて死んだことから名付けられたそうだ。

野焼きと火の玉

森林組合の藤井さんは、高校生の時少し変わった動きをする火の玉を見ている。

「六月頃でしたね、確か。田圃のすぐ横の道を歩いていたら、動く光を見たんですよ。それが田圃の形に沿って回ってるんです」

田圃の縁《ふち》に沿って正確に動き回る謎の火はかなりの高速でカクカクと動いている。あまりに几帳面に動くので、藤井さんは鴨除けのために誰かが設置した人工物だと思った。しかしいくら探しても、そのような仕掛けなどどこにも無い。あまりの奇妙な動きに見入ること二分程度、その光はふっと消えた。

実は他所でもこのようにカクカク動く火の玉の話は聞いたことがある。どうやら火の玉にはフワフワ派とカクカク派があるようだ。

*

笹川地区では特定郵便局の局長さんにも火の玉話を聞いた。

「昔はよく見えたもんじゃないですか。今日あたりは出るいうてね、みんなで見に行ったそうですよ」

ほとんど螢の風情であるが、この地区ではそのような話をするお年寄りが多い。

笹川地区では長い間、死者が出ると野焼きをする風習だった。野原に薪を積んでその上で焼く始末の仕方である。長野県や新潟県でも野焼きの最中に死者がぐわっと立ち上がって腰を抜かした話や、頭がごろんと転げ落ちてそれを棒で突き戻した話などは多く聞いた。今では想像も出来ない体験で、トラウマになった人も恐らくいることだろう。

「私が焼く係になったんですがね、初めて焼いた時は臭いが鼻に付いてしばらくご飯が食べられんかったですよ」

局長さんが言うように、人が焼ける臭いも強烈な体験だろう。ある程度は慣れるといっても記憶から消え去ることはない。

「私が見た火の玉は、その焼き場の近くでした。〃たっちゃば〃の所でぽわ〜っと出てくるんですよ。何度も見ましたね」

〃たっちゃば〃とは立鳥原とも表記される。三浦半島には今でも〃たっちゃば〃塚が残っていて、ほぼゴミ捨て場のような雰囲気らしい。局長さんの話によると、野焼きをした後のゴミ（小さな骨）をそこへ集めていたそうだ。

今の火葬施設と違い、薪の上のバーベキューであるから、丁寧にすべての骨を拾うことなど出来ない。そこで大物以外は纏めて、その〝たっちゃば〟に放り込んだのである。その山から時々ぽわ〜っと火の玉が出てきたらしい。立鳥原という表記も、もともとは野ざらし状態の死体を鳥が食べたことが元だという説がある。

奈良県山中で聞いた風葬、鳥葬の話とも似ているが、恐らくは野ざらし状態から一歩進んだやり方が野焼きなのだろう。

動かすと死ぬ

森林組合の藤井さんの家には稲荷が祀ってある。最近、家を新しくする時に、その社がどうしても邪魔になった。ただ簡単には移動出来ない訳がある。それは稲荷社が周りの地域全体の神であるからだ。

「百二十年くらい前に周囲の三カ村が一つになったんですよ。その時に稲荷が一つの社に合祀されて、なぜかうちの敷地内に建てられたんです。共有地だったら良かったんですがねえ」

自身の敷地内ではあるが周辺地域の稲荷社であり、勝手なことは出来ないのだ。しかしどうしても少し移動したい。思い悩んでいると、知り合いが尼さんに尋ねてみたらと勧めてくれた。その尼さんは地域でも大変な霊力の持ち主らしい。その尼さんが言うには……。

「〝そこには神様がいるから動かしては駄目だ。もしも動かせば、あんたは死ぬ〟言われましてね」

「そうなんですよ。人の命を奪うことは神様にとっては指先で軽く捻るようなもんだ。それくらいに怖いんだから、神様を甘く見てはいけないって」

「死ぬんですか？」

「どうしようもないんですねえ」

「いや一つやり方はある言いましたね。それは今にも死にそうな人や老人にやってもらえばいい言うんですよ」

何とも驚きである。身代わりを立てれば移動は可能だということらしい。これではほとんど昔流行《はや》ったホラー映画そのものである。結局そのようなことが出来る訳もなく、社はそのままの場所に鎮座ましましている。

たかが稲荷の社を少し移動しただけで何の障りがあるというのだろうか。実に馬鹿馬鹿しい話だと思う人もいるだろう。しかし以前この社を少し動かした人が、それから程なくして亡くなっているのだ。それが藤井さんのお父さんなのである。お父さんが三十代半ばの出来事で、それが記憶に生々しいからこそ尼さんの意見を大切にしたのだ。

このように触れたり動かしてはならない存在は結構あるようだ。群馬県片品村の或る家でも、敷地内にあった塚石を動かした途端不幸が相次ぎ、その石を元に戻したら収まったそうである。これらは昔の人が誰も近寄らないように目印として塚を築いたのかも知れない。

尼さんの忠告

朝日町の各地区でよく聞いたのが尼さんなる存在である。これは日本中どこにでもある、いわゆる地元の神様の一形態だと思えばよい。イタコ、オシラサマ、オナカマ、拝み屋、神様、行者、巫女、ユタと各地に多種多様な呼び名がある。病平癒、失せ物探し、仏おろし、人生相談、困り事、心配事のほぼすべてに対応してくれる、ありがたい存在なのだ。

仕事のうちで最もよく聞いたのは、疳の虫封じ。これは各地でほぼ同じやり方である。何か掌に文字を書いて呪文を唱えると、指先から白く細い虫のような煙のような物がにょろにょろと出ていくそうだ。これが疳の虫の姿なのか、それとも単なるテーブルマジックの類いなのかはよく分からない。

親戚に不幸が続いたり病気が治らない時は、まず一番先に皆が訪れたのもこの人たちの家である。それで快方に向かったという人もあれば何も変わらなかったという人もいて、効果のほどは疑問だ。

*

ガラス工芸作家の湯島さんは尼さんに関係する特殊なお守りを持っている。

「凄く力のある尼さんに、〝あんたにはたくさんの生首が付いておる〟って言われましてね」

たくさんの生首とは尋常ではないが、湯島さん自身には思い当たる節があった。夜中に寝苦しくて起き上がると何かを摑んでいる、それが生首。窓から何気なく庭を眺めていると、何か妙である。大きな庭木の幹が二股に分かれたその上に何かがあるのだ、それが生首。他にもやたらに生首が顔を出すものだから少し嫌になっていたら、尼さんのこの言葉である。

「尼さんがそれは良いことではないからとお守りをくれたんですよ。その人の毛髪と爪とお経の書いてある紙が入ってるんです」

毛髪と爪が入ったお守りというのも少し怖いが、それを持ってから生首の出現は格段に減ったそうである。

＊

湯島さんに関する話を追記する。彼が高校生の頃、教室で友達と話をしていた時だ。その友達の背後は窓だったが、そこを落ちる何かが見えた。あれっと思い、窓の外を確かめたが何も無い。はっきりと落ちるのが見えたのに変だなと思っていると、担任が教室に入ってきて、話をしていた生徒を連れ出した。後から訊くと、友達の身内が飛び降り自殺をしていた。

湯島さんはいろいろと見えたり感じるタイプなので、尼さんが心配をして特製お守りを授けたのだろう。この尼さんは地域ではかなり有名な方だったが、すでに亡くなったそうだ。

一向一揆の里

石川県の白山は霊山として有名で、また修験の場でもある。その麓で夫婦して猟をする長田泉さんと富士子さんに話を聞いた。長田さんが所有するログキャビンは猟師小屋でもあり解体施設も備える。そのキャビンでの出来事。

「数年前の秋ですねえ、確か。夜中、あれ？思うたら、何か音楽が聞こえてきたんですぅ」

スキー場にほど近く、辺りには空き家しかない静かな山の中だ。人工的な音はまず聞こえない環境だが、どこからかポップな感じの音楽が流れてくる。

「最初は前の道にぃ車でも止まっとるんやないか思たんですぅ」

気になった富士子さんがキャビンの外に出ると、そこにはいつもの漆黒の闇しかない。おかしいなと辺りを見回した。ひょっとして近所の空き家に誰か来ているのかと確認したが、空き家も闇の中だ。

「やっぱりどこかから音楽が聞こえるんですよ。そんなこと初めてやしぃ、変やから旦那にも確かめたんですぅ」

訊かれた泉さんの耳にも軽やかな音楽が聞こえてきた。夫婦二人してしばらく聞いていたが、結局それが何なのかは分からず寝てしまった。

山の中で音楽が聞こえた事例は珍しくない。それが単調な太鼓の音なら狸の仕業だと秋田県山中では考えられている。山梨県では雅楽の調べを聞いた人もいた。それらの正体は不明であるが、山中には謎の音楽家が存在するのかも知れない。

*

そのキャビンから下ると鳥越《とりごえ》という集落がある。ここは加賀の一向一揆が最後まで戦った地でもある。そこから大日川沿いに登った山中での出来事を、この辺りを猟場にしている津幡町のベテラン猟師西村泰夫さんに聞いた。

「あれは何年か前やったなあ。まあだ猟期前で犬の訓練もかねてこの辺りの山を回っておったんよ。林道の途中で軽トラ止めて沢沿いをゆっくり登りよったら、上のほうから爺さんが一人下りてきてなあ」

おぼつかない足取りの老人は西村さんに尋ねた。

「集落はどっちへ行ったらええ？」

おかしなことを訊くものだと西村さんは思った。老人が下りてきた道はそのまま鳥越の集落へと続く一本道なのだ。

「ここ、真っすぐ行ったらええさけぇ」

そう言いながら老人の姿を見ると、何とも妙である。とてもキノコ採りに来るような格好ではない。スラックスに革靴を履いているのだ。おまけにその足元は泥だらけ、どこかで沢にでも滑り落ちたのだろうか。

「あんた、どないしたんや？　大丈夫か？」

気になった西村さんが心配して声をかけたが、老人はそれに応えず林道をよたよたと下りていった。

「変な爺さんやなあ」

気を取り直して山へ入ると、あちらこちらに猪の痕跡が確かめられた。獲物の数は多そうだ。今期の猟は期待が出来ると確信しながらゆっくり下山を開始した。

林道をしばらく下ると犬が先回りして戻っていた。猟には欠かせない大切な相棒である。その相棒を回収して軽トラへ乗り込もうとして驚いた。誰かが軽トラの助手席に座っているのである。

「何や？　誰じゃお前は、ここで何しとるんや」

西村さんは怒気を含んだ声とともにドアを開けた。中に座っていたのは先ほど山の中であったあの妙な老人である。老人は西村さんの怒声に薄目を開けるとこう答えた。

「いやあ、ここまで下りてきたらな、そこの家からおばちゃんが出てきてぇ、ここで休んでいけ言うたんや」

そこの家……辺りを見渡したが家らしき物は何も無い。あるのは林道と杉林だけだ。しかし不思議である。軽トラのドアはきちんと施錠して確認もしたはずなのに、なぜこの老人は乗れたのだろうか。訝りながら西村さんは尋ねた。

「あんた、どこから来たんや？」

「山……」

「山？　山のどこや」

老人の話は要領を得ないものであったが、概ねこのような内容だ。林道を車で走っている最中に転がっていた岩に乗り上げて、にっちもさっちもいかなくなった。何とか脱出しようと試みたが結局ガス欠になってしまい、車を置いて山を下りてきた。どこからどのようにして下りてきたのか具体的な位置はまったく分からない。しかし老人の汚れ方を見れば林道を素直に歩いてはいないことだけは確かだった。

「あんた名前は何ていうんや？」

「名前？　さあ……」

「名前が分からん？　住所は？　家の電話番号は？」

何を訊いても老人は、

〝さあ？〟

を繰り返すだけである。その時、西村さんは老人の胸ポケットに携帯電話が入っているのに気がついた。その携帯を見せてもらうと、どうやら実家らしい番号が見つかったのである。了解を取って電話を掛け驚いた。老人は地元でも有名な会社の会長だったのである。奥さんの話によれば、朝から車で出掛けた会長が戻ってこないので心配していたらしい。西村さんから成り行きを聞いた息子が現場まで迎えに来たのである。

「いやあ、不思議な話やったでぇ。何で山に行ったのかも分からん。まあ、林道はそんなに複雑やないから会長の車はすぐ見つかったんやけどな、何であないな所におったんかなあ」

乗り捨てられた会長の高級外車からそのまま林道を歩いて下りれば、迷うこともなく集落へ抜けられる。しかしどうやら会長はそこから森へと入り込んだらしい。その理由はまったく分からないままである。

会長の名誉のために追記すると、本人には認知症の兆候はまったく無かった。仕事も熱心にこなす、しっかりとした判断力を有する人物と認識されている。それがなぜか突然山へと突き進んでいった。後日会長と対面した西村さんは、あまりの聡明さにこれがあの爺さんと同一人物かと驚いたそうである。

Ⅲ　霊域の生活

火の玉ラッシュアワー

飛行機の上から紀伊半島を眺めたことがある。巨大な緑の塊は実に複雑な尾根筋を呈し、ほとんど迷路のようにも見えた。実際に足を踏み入れると山の急峻さに驚く。高さはさほどでもないが、屹立《きつりつ》した尾根は屏風《びょうぶ》のようである。山の向こうにさらなる山が隠れる緑の迷宮は、古くより霊域として名高い。

*

空中をふわふわと彷徨う光は〝人魂〟や〝火の玉〟などと呼ばれている。東北地方では〝狐火〟と呼称され、特に秋田県の阿仁では実に多くの〝狐火〟体験談を聞くことが出来た。さすがはマタギの里阿仁である。これ以上に謎の光が飛ぶ地域はあるまいと思っていたが、それは間違いだった。

奈良県下北山村の巽正文さんは長年教育者として勤めてきた方だ。現在七十七歳になる巽さんが六歳の時の話。

「あれは小一の頃でしたねえ。夜、母親の実家から帰る時でした。川の向こうから青白い大きな光がふわふわ渡ってくるんですよ」

初めて見る謎の物体を親子三人が見つめていると、近くにいた知り合いの婆さんが声をかけてきた。

「今日はあれが何度も飛び回りよるなあ」

一言二言、母親は婆さんと話をすると、子供たちの手を引いて家へと向かった。

「それまでは普通にしておったんですが、家に入ったら母親は急に震えだしましてね。あれは火の玉や言うて教えてくれたんですわ」

火の玉は人が死んで抜け出る魂で怖い存在だと初めて聞かされたのである。しかし現場では、向かってくる火の玉を見ながら母親は極めて落ち着いていた。話しかけてきた婆さんもごく普通にしていたのである。

「本当は逃げ出したかったけど、子供がおるでしょう。それもでけんし怖がらせてはいかんとおもたんでしょうねえ。また婆さんもそれを察知してなるべく普通にしとったんだと思いますよ。この辺りじゃ火の玉は珍しいもんじゃないですから、頭に当たって転んだ爺さんもおりますよ」

他所で火の玉が体を突き抜けた話を聞いたことがある。物理的な衝撃がなかったのなら、恐らくこの爺ちゃんは驚いて転んだのだろうか。

*

巽さんの話を続ける。

「大和と紀州の間に不動峠いう所がありましてね、筏《いかだ》流し（以前は山から切り出した木材を筏で新宮《しんぐう》のほうへ流していた）が帰りにかならず通るんですわ。その峠道に松明の明かりが見えたら、集落の人はご飯の支度をするんです。でも時々ね、いつまで待っても帰ってこん時があって、婆さんがあれは狸の仕業や言うておりましたねえ」

狐火ならぬ狸火というのは初耳である。

*

上北山村の景徳寺の住職畑円忍さんは、子供の頃、火の玉に酷い目に遭っている。

「私は子供の頃、本宮《ほんぐう》に住んでおったんです。熊野川の近くでしたねえ。丸木橋があって、そこを渡ると小さなお宮さんいうんか祠があったんですわ」

ある日、姉におぶわれてその橋を渡っていると、祠のほうから何かが近づいてくるのが見えた。

「姉ちゃん、何やろな？」

立ち尽くす姉は問いかけても何も答えない。その間にもどんどん近づいてくるのは間違いなく火の玉である。

「姉ちゃんあれ……」

次の瞬間、円忍少年の体は宙を舞い川へどぶん。

「姉がね、私を放り投げて逃げ出したんですよ」

弟に構っていられないほどの恐怖をお姉さんは感じたらしい。これは火の玉ではなく姉に酷い目に遭ったというべきなのか。

＊

「ここでも結構ありましたよ、不思議なことは。檀家さんが亡くなると、そこの山門から足音が聞こえてくるんですよ」

住職が本堂でお勤めをしていると、玉砂利を踏みしめる音が聞こえてくる。誰だろうと振り向くが、姿は見えない。このような場合は、ほぼ間違いなく檀家さんが亡くなっているそうだ。また別バージョンでは賽銭箱にちゃりんと音がして鐘がカンとなる場合もあり、やはり振り向いても誰もいない。

「まあそれも最近は少なくなりましたねえ。葬儀を寺でやらんでしょう、今は」

確かに今では田舎でも農協のセレモニーホールで葬儀を執り行うのが普通である。葬儀の形が以前と変わって、魂の動きも違うようになったのだろうか。

＊

景徳寺で出会った婆ちゃんたちから五十年ほど前の出来事を聞いた。

「西原いう地区があるんですよ。そこでね、三歳やったかなあ、男の子が一人おらんようになったんです」

西原の集落から忽然と姿を消した子供。集落をあげて山狩りをしたが、その小さな体は見つからなかった。四日が過ぎ、集落中に諦める気持ちが強まりかけた頃、その子は見つかる。そこは大人でも行きにくい滝の横だった。まるで辺りを眺めるようにぽつんと突っ立っていたそうだ。いったいどうしたのか、何があったのかを問われて幼子は答えた。

「白い着物を着た女の人に助けてもらった……」

山の中で迷っていたら、その女性が手を引いて連れていってくれたというのである。

命に別状はなく、怪我もしていなかった。しかし助けるのなら集落のほうへ連れていってくれればよいのにと思うのは私だけだろうか。

ツチノコの里

日本を代表する謎の生物といえばツチノコである。その存在は古くから各地に伝えられているが、呼称はさまざまだ。一九八〇年代に各地で大々的な探索が行われたり懸賞金が掛けられ話題になった。当初は百万円だった額が一億円にまで跳ね上がる。主催者の〝どうせいないんだからいくらでも高くすればいい〟という思考が透けて見えるようになって、騒動は収束へと向かった。

下北山村の温泉施設にはツチノコ探検隊の大横断幕や多くの資料が展示してある。村をツチノコ共和国として活性化事業も行われたが、今は昔の感がある。当時はやたら目撃情報も多く、村民がこぞって協力していたことが伺えるが、今は誰に訊いても、

「ツチノコ？　あれは地域興しやからねえ」

「あんなもんいる訳がないわ」

「おったら捕まえて大金持ちやがな」

真面目に聞くなよ、そんな話を、という感じである。これは広島県旧西城町（現庄原市）のヒバゴンとまったく同じだ。ヒバゴンも近隣の住民からは〝あれは当時の町長が蓑笠《みのかさ》付けて歩き回っただけじゃあ〟と完全否定されている。しかし本当にヒバゴンやツチノコは観光資源のためにでっち上げられただけの存在なのだろうか。

＊

「ツチノコかどうかは分からんけんどなあ、まあ凄い生き物がおることは間違いないねえ」

話をしてくれた山岡昌幸さんは役場のＯＢで、山岳救助隊員でもある山のベテランだ。

「山でなあ、そういうもんを見た言うやろ。そうすると新聞社とかから話を聞かせてくれ言うてなあ、〝また嘘つきがおった〟みたいなことになるんやで。そやから話をあんまりせんのや」

＊

ツチノコに関する目撃談や体験談が溢れる反面、確実な証拠は皆無。いい加減飽き飽きしているところで〝見た〟などと言えば、狼少年ならぬツチノコ老人扱いは免れない。そんな状況の中で、山岡さんは極めて不可思議な蛇の話をしてくれた。

「あれは仕事で山へ行った時や。林道を走っておったんや、そうしたら妙な蛇が道におってな。それが凄い毒々しい色なんや。緑色のこうテラテラ光ったみたいな凄い色」

役場の後輩と一緒に現場へと向かう途中で見た物は、それまでに見たことのない蛇だった。あまりの不気味さに、これがひょっとしたらツチノコの正体ではないかと山岡さんは考えたのである。

「これは捕まえたろ思うて、わしが車から降りてそいつに近づいてよう見たらなあ、なんやピンと一本に伸びとるんや」

長さは六十〜七十センチ程度、まるで一本の棒のように硬直している。死んでいるように思われたが、体色のあまりの毒々しさに山岡さんは手を出すのが躊躇《ためら》われた。

「蛇やったらマムシでも何でもぴゅって簡単に捕まえるで、わしは。しかしそいつはちょっと無理やった」

車から測量用の棒を引っ張り出すと、その蛇を軽く突いてみたが異常に堅かった。かちんかちんなのである。山岡さんは車に乗り込むと後輩に車で轢くように指示した。

「軽く踏んで、それで持ち帰ろうとしたんやけどな」

〝ゴンッゴンッ〟

大きな音と衝撃が車内に伝わった。

「あれ、前輪後輪で轢いたんかいな？　ぐちゃぐちゃになってもうとるがな」

乗っていたのは軽トラではなくスズキのエスクードである。荷物と人員を考えると一・五トン近い重量があるから、そう思ったのももっともだ。

「車から降りて後ろ見たけど、どうもなっとらへん。まったくの無傷なんや、そいつ。〝こらあかんわ、おい、もいっぺん轢け〟後輩に言うたんやけどな」

バックで車が近寄ってくると、毒々しい色のその蛇は急に鎌首を持ち上げた。あのカチンカチン状態だった蛇は立ち上がると車のタイヤ目がけて大きくジャンプしたのだ。

「タイヤに噛み付こうとしとるんや。これは危ない思うたよ。こっちに来たら大変やから」

山岡さんは捕獲を諦めて、その場から逃げるようにして離れたのである。

「それがツチノコなんかはよう分からん。そいでも今までに見たことのないほんまに気色悪い奴やったで」

追いかけてくるモノ

山岡さんは二度ほど火の玉に遭遇している。高校生の頃、下宿の近所で見た火の玉はソフトボール大で青白い光を放っていたそうだ。

「駅から下宿に向かって歩いておったら、近所の家の上に飛んでおったんよ」

その火の玉は或る家の屋根の上を上下に何度も往復していた。しばらく見ているとふっと消えたが、翌日その家の人が死んだという話を下宿の人に聞いている。池原ダムでウナギ捕りをしていた時には、林道のほうから出た火の玉が下流に向かって飛ぶのを見ている。

「これはわしやないけど、火の玉に追いかけられた人はおるで」

それは集落の数人が或る沢に釣りに入った時である。夕まずめの時間帯、みんなで釣りをしていると、一人がぽつりと呟いた。

「あれは何やろ?」

彼が指さすほうに皆が顔を向ける。そこには薄暗くなり始めた森、そして赤く光る小さな塊が見えた。釣りの手を止めて立ち尽くす。次の瞬間、小さかった光は急激に大きくなった、いや急接近してきたのだ。大きくて赤い火の玉が辺りを照らす。

「うわあああああああ！」

火の玉はまるで人を追い散らすかのように飛び回る。全員は恐怖に駆られて、釣りの道具も何もかもをその場に放り投げると一目散に逃げ出した。

＊

「実はな、わしも逃げ出したことはあるよ」

「火の玉ですか？」

「いやいや、何やよう分からんのやけどなあ。まあ二度とそこには行かんのやで」

山岡さんの話はこうである。

ある日の夕方、山岡さんは釣りをするために宮山という所に向かっていた。適当な場所を探しながら林道をゆっくりと走る。辺りはまだ明るくライトを点ける必要はなかった。しばらく進み車を止めると沢へ下り、釣り支度を整えて歩き始めたのである。

「釣りながら沢を歩いとったら何か聞こえてきてね。〝キャッキャ〟いう感じ？　猿みたいな鳴き声にも聞こえるんやけど猿やない」

薄暗くなりかけた沢筋、自分の前方から明らかにその〝キャッキャ〟は聞こえてくる。三十メートルくらいは離れているだろうか。気にせずにまた竿を振ると、

〝キャッキャ〟

明らかに先ほどよりも声が大きい。感覚としては、十メートル以内にその何かが近づいている。

「どこにおるんやろとよう周りを見るんやけどな、何もおらん」

〝キャッキャ〟

さらに近づくその声に山岡さんはぞっとして、踵《きびす》を返して走り始めた。最初は小走り、途中からは全力疾走である。

〝キャッキャ〟

息せき切って走っても、その声は近づくばかりである。

「いや車に飛び乗った時は心底ほっとしたで。そいからエンジン掛けて全速力で逃げたんや」

後日、その場所に関する話を山岡さんは聞き愕然とする。

「いや消防団の奴やったかなあ聞いたんは、あそこの場所で女の人が妙な死に方をし

とるいうんや。それがほんまに妙な死に方やったらしいわ」

女性の変死体が発見されたのは小さな滝だった。そこは山岡さんが逃げ出した場所から少し下流である。

「わしは車がどこにあるかすぐ分かったからええけどな、もしあれがやで、場所が分からんで闇雲に逃げとったら、同じ滝に落ちたかも知れんのや」

〝キャッキャ〟

山岡さんの耳からは未だこの声が離れない。

犬と百人一首

下北山村周辺は昔から狩猟が盛んな場所である。獲物を追う猟に欠かせない犬と人の繋がりは、時として不思議な話を生むようだ。

或る地区で、巻き狩りが終わってもなかなか帰らない犬を猟師が待っていた。数日経っても帰らないので、一人で山の中へ探しに行った。猟で回った場所を名前を呼びながら歩く。最後に見かけた場所に佇み犬のことをいろいろ考えていると、火の玉がふわ～っと現れた。

それを見た猟師は胸が熱くなった。

「ああ、あいつは死んだんやなあ」

しばらく漂った火の玉がすっと消えるのを見て彼は山を下りた。数年前の話である。

＊

山岡昌幸さんの話。

「わしの猟仲間の先輩で、まあ凄い人がおってなあ。とんでもない酒飲みで、もう無頼の塊みたいな人や。本当にどうしようもない大酒飲みやったで」

何度も繰り返すくらいにとんでもない大酒飲みなのだろう。その人は複数の猟犬を飼っていたが、行方不明になると決まって不思議な儀式を行った。

「犬がおらんようになるやろう。そうすっとな、百人一首を読むんや。もう信心の欠《か》片《けら》も無い人なんやけどな、それが百人一首や」

その人は行方不明になった犬が使う餌入れを持ち出すと、その前でまるで呪文でも唱えるように百人一首をそらんじる。そして愛用の鉈をその餌入れにバンッと突き刺すのである。

「この辺りでは、そのようなやり方が普通なんですか？」

「いや、その人だけや。本当にどうしようもない大酒飲みなのに百人一首やで。それするとかならず犬は戻ってくるんやから不思議やったな」

不思議な相談

上北山村の中岡弥平さんは教育長を勤めた方で地域の歴史などにも詳しい。その中岡さんに聞いた上北山村の話。

「狐ですか？　ああ、魚を持って山の中を歩いておると道が分からんようになってしまうんですね。それで気がつくと魚が全部無くなっているいう話は聞きますねえ。この辺りじゃあ、こう小判形の入れ物なんですよ。サンマ用なんです、サンマは細長いですから」

新宮方面から専用の曲げ物にサンマを入れて歩いてくる。この辺りでは昔からこのようにしてサンマを手に海辺から持ち帰っていた。各集落にはやはり狐に騙されてサンマを無くした話があるが、〝あれは自分で食べてしもうただけやで〟と言われる場合が多い。これが東北地方なら、持っていたサバやマスを狐に盗られる酔っぱらいの話になるのだ。

＊

中岡さんは近所の人から奇妙な相談を受けたことがある。

「昔からの知り合いなんですが、私の所に来て〝右足が腫れ上がってどうしようもないから何とかしてくれ〟言うんですよ」

見ると確かに右足が足首から太ももの所までパンパンに腫れ上がっている。しかし自分は医者ではない。そこでちゃんと病院に行って診《み》てもらえと言うと……。

「病院には行っとる言うんです。いろいろ調べてもろうたんやけど、原因が分からんから薬の出しようもない言われたそうですわ」

ますますもって奇妙な話だ。それならなおのこと、検査態勢の整った大病院に行くほうが良いはずだが、その人は頑として言うことを聞かない。

「とにかく私に何とかしてくれ言うんですよ」

医療関係者に知り合いがいる訳でもないのに、その人はなぜか自分を頼りにしてくる。あまりに不思議だったので詳しく話を聞いた。

「私の従兄弟が死んだんですわ、ちょっと前にね。そん時にその骨を埋めるんで手伝うてもろたんですよ」

当時は墓に納めるのではなく、埋葬場所に穴を掘って骨壺を埋めた。相談者が穴を掘り、骨壺を埋める作業を行ってくれたのである。

実はその時、彼は或る物を足で粗末に扱ったというのだ。その物とは穴を掘った時に出てきた骨である。隣の埋葬地からはみ出してきた、恐らくは足の骨を足蹴《あしげ》にして踏みつけ、その上に骨壺を埋めたというのだ。穴の中のことであり、彼以外にその骨を見た人も足蹴にする行為に気がついた人もいなかった。

しかしそれから数日経ってから彼の足、骨を無下《むげ》に扱った右足に異変が起こったのである。

「原因はそんなことをしたからだと言うんですねえ。それやったらと寺に行ってね、和尚さんに誰が隣に埋まっておるのかを調べてもらったんですわ」

檀家帳を隅々まで調べると、そこに埋まっていたのが女性で、その関係者も村内にいることが判明したのである。それから女性の本家や中岡さん、当事者の男性たちが集まって供養のための法要を行った。

「どうなりました？」

「その後すぐに腫れはすーっと引いて治りましたね。まああれは墓穴に入った時にばい菌が入ったせいやと言う人もおりましたけどねえ」

この方は今も健在で顔を合わせるとニコニコするが、あの出来事については決して話さないそうである。

山から出られない人

和歌山県北山村の滝本和子さんは、七十歳を過ぎた今でも一人で山へ入る。松茸やシメジ採りの名人で、単独行動が基本というから驚く。

「山で迷いそうな所は枝をこう折っていくんや。そいでも分からんようになったら木に登って辺りを見ればええんです」

女性の単独行動は珍しく、近所の人からはよく言われるそうだ。

〝あんた、よう一人で山なんか行くね。私ら怖おうてよう行かんよ〟

何が怖いのか、それには理由があった。

「その人たちがキノコ採りに行った時なんですよ。山から出られんようになったんです」

「険しい谷か何かに迷い込んだんですか？」

「いやいや、原っぱです」

「原っぱ？」

ご婦人たちが足を踏み入れたのは草原、広々とした場所である。いつもの山道を汗かきながら登っていくと、突然広々とした場所に出てしまったのだ。

「こんな所があったんやねえ」

「そやなあ」

誰もが初めて来た場所である。そして誰もが話にも聞いたことがない場所である。この謎の場所から抜け出すのに彼女たちは必死で出口を探し回った。

「凄く大変やったらしいです。あっちこっち歩き回っておったら、いつの間にか知った山道に出られたそうです」

慣れ親しんだはずの場所で異空間に足を踏み込んでしまう。それが白い山や青い池だった話は東北地方でも聞いたことがある。大抵の場合は二度とそこへ行くことが出来ない。もちろん北山村のご婦人たちは二度と行きたいとは思っていないが。

＊

滝本さんの火の玉経験。

「私が二十三歳くらいですねえ。物置の裏からふわ～って飛んできたんです」

大きさはバレーボールくらいで、長い尾を引いて飛ぶ火の玉に震えが止まらなかった。

「それは恐ろしかったですよ。もうしゃがみ込んでねえ、でも青っぽい色で綺麗でしたよ」

怖かったが、あまりに美しく、火の玉から目を離すことが出来なかったそうである。

＊

滝本さんは赤っぽい謎の光にも遭遇している。それは或る夏の夕暮れ、妹と二人で戸外にいると何かが目に入った。

「なんやろ思うて見たら、こんな形（楕円形）の濃いオレンジ色の光なんです。それがふわーっと真上に来たんですよ」

滝本さんは驚いてその光玉を見つめる。一分ほど見つめていると、その光はふっと消えた。

「ねえ、ねえ。今のあれ何やろ？」

傍らの妹に訊いたが、何と彼女には何も見えていなかった。

滝本さんのお父さんは筏師で、新宮まで筏を流すのが仕事である。子供の頃、たまにその筏に乗せてもらうのは楽しみだったそうだ。集落では青い色の火の玉はすでに死んだ人、赤い色の火の玉はまもなく息を引き取る人という場合もあるらしい。

*

同じく北山村のベテラン猟師である亀田芳雄さんの話。

「火の玉に追いかけられた人はおるよ。わしも見たことはある。やっぱり恐ろしかったな。わしが猟に行った時な、同じ所をぐるぐる回っとった人を見たことがあるわ」

それは少し前の出来事である。近くの山に数人の仲間と入った時だ。亀田さんは大汗をかきながら斜面を登り、やっとマチ場に着いた。時折吹く心地よい風に胸襟を開き、体を冷ますのは実に爽快である。反対側の山筋に目を向けると、誰かが歩いているのが見えた。

「ありゃあ誰かいなと見たら先輩の猟師なんや。ちょうどそこがな、伐採されたばかりで開けておってよう見えるんや。上から見とったら、そこから少し進んで山の中に入ってなあ」

あれ、どこへ行くのかなと思いながらもベテランのことである。何か考えがあるのだろうとさほど心配はしなかった。ふっと遠くへ目をそらして再度先ほどの山筋を見ると……。

「また先輩の猟師が同じように歩いてきてなあ、開けた所を通り過ぎて山へ入っていくんや。何しとるんかなあ思うたでえ」

二度目である。まあ何かを確認するための行動かとも思ったが、さすがに三回目となると話は違ってくる。そして四回、五回……。

「同じ所を何度も回っとるんやなあ。そいで無線取って〝お前何しとる、何回も同じ所歩いとるで〟言うたんや」

無線に出た先輩猟師は応えた。

「何って、わしゃ山を下りよるだけじゃ」

「下りるって、お前さっきから同じ所をぐるぐる回っとるだけやぞ」

亀田さんに指摘されても先輩猟師には意味が飲み込めない。彼はひたすら山を下りているつもりだったのである。

「いやおかしかったけど、先輩やから笑うに笑われへんかったで」

いわゆるリングワンデリングの類いなのだろうが、それを遠目に見ていた人の話は珍しい。その先輩は伐採して開けた場所を何度も通っていることに気がついていなかったそうである。

行者の戦い

北山村は和歌山県に属するが、奈良県と三重県に囲まれた珍しい飛び地の村である。山から切り出した木材を筏で新宮へと流すことで経済と人の交流が生まれていた地方ならではである。

亀田さんと同じくベテラン猟師の福住芳康さんに話を聞いた。

「大蛇？　まあ大蛇かどうかは分からんけんどなあ、ダムを鹿が泳いでおってなあ、その後ろを何か同じようにすーっと泳ぐ物があって、何やと思う？　蛇なんや、それが。まあ前を泳ぐ鹿に比べたら分かるけど、大きかったで相当」

近くの神社には、祭りの時にかならず姿を現す蛇がいるそうだ。準備をしていると物置から出てきて、祭りの間中、部屋の中をうろつく。氏子たちにすれば毎年のことなので誰も騒ぎはしない。

「ひょっとしたら守り神なんかなあと、みんな言うとるねえ」

＊

大峯奥駈道《おおみねおくがけみち》からも近い北山村には、かつて多くの修験者が訪れた。或る冬の日、二人の行者が酒を飲みながら問答を始めた。最初は静かだったがそのうちに激論となり、供えてあった榊がぶるぶると震え出すほどに激しさを増す。しばらく後、問答に負けた行者は外へ出ると厳寒の中で水垢離をして、ふたたび問答に挑む。これを何度も繰り返すうちに一人の行者が倒れて人事不省《じんじふせい》に陥った。

「その人はそのまま死んでしもうてな、子供と奥さんが十津川《とつかわ》のほうから山越えてきたんや」

十津川からは今でも決して道が良いとはいえないが、当時は難所の連続である。そこを知らせを受けてから子供の手を引いてやって来た奥さんの苦難はいかばかりだったことか。当時は土葬なので骨も拾えず、彼女は仕方なく夫の爪と髪の毛を僅かばかり持ち帰ったそうである。酒を飲みながらの問答が良いか悪いかは別にしても、文字通り命がけとなったのは間違いない。

大峯奥駈道は険しく、昔から多くの人が滑落したり道に迷い命を落としてきた。特に千日回峰行となると、失敗すれば死ぬ覚悟で臨まねばならない荒行である。

死に近づけば近づくほどに生きることの意味が分かるのだろうか、とはいえ死んでは元も子もないが。

＊

山の神についての面白い話を福住さんがしてくれた。それは山の神にイチモツを見せるというのである。阿仁マタギにも初猟の時にイチモツを見せて山の神のご機嫌を伺う話は聞いたことがあるが、どうやらそれとは違うらしい。

「鉈でもちょっと使って切り株の上に置くことがあろう。それがふっと無くなることがあるんや。いくら探しても見つからん。鉈だけやないで、いろいろ道具が見えんようになったらな、下半身むき出しで振り回すんや。そうして山の神にお願いするとな、かならず見つかるんやで。わしはいつもそれで上手くいっとる。ほんまやで、嘘やと思うならいっぺん試してみればええわ」

この話は他の地区でも聞いたが、その効果たるや絶大なものがあるそうだ。山での失せ物探しはイチモツぶるんぶるんで解決するが、やはり登山道ではやめたほうがいいかも知れない。

ノックは三回

東北地方では人が亡くなると親類縁者や寺に知らせが行く話を多く聞いた。もちろんこの知らせとは電話や電報ではない。亡くなった人そのものがお知らせに行くのである。

紀伊半島山中でも同様の話は多いようだ。北山村で聞いたお知らせの話。

「うちの婆さんがな、昼間一人で家におったんや。そうしたら玄関ががらがら開いたんやと。

〝ああ、誰ぞ来たんか?〟思っとたら畳の上を歩く音が聞こえたんで、見に行ったけど誰もおらんかった。ちょうどその時分に隣の婆さんが死んどったんや。仲が良かったから挨拶に来たんやろ言うとったわ」

これは亡くなって間もなくの出来事だが、少し時間が空く場合もあるようだ。

＊

下北山村の山岡昌幸さんが居間でごろ寝をしていると、裏庭から声が聞こえた。

「こんにちは、こんにちは」

誰だろうと返事をしながら見に行くが、そこには誰もいない。しかし明らかに聞き覚えのある声だ。居間に戻ってしばらくして思い出したのは役場勤めの先輩だった。

「その人、二年前に亡くなったんや。ちょうど裏山のほうにその人の墓があったから声掛けてくれたんかなあ」

これは親しい人への挨拶なのだろう。しかし見ず知らずの人にでも対応をする場合がある。

＊

或る集落の宿泊施設の話。地域振興のために作られた滞在型の施設には立派なバンガローが並んでいる。大阪方面からの家族連れや学校関係者がよく利用するが、時々妙な話を聞くのである。夜中に誰かがドアをノックする。知り合いが隣のバンガローから来たのかと思い開けるが、誰もいない。これが頻繁に起こると関係者も気になる。

そこで職員がいわゆる〝感じる〟友達を呼んで、それとなく尋ねると……。

「そこにいるから」

そこにいたのは、以前、村の災害救助で来てくれた人らしい。実はその人はしばらくバンガローに泊まり込みで作業にあたっていたが、夜中に急死したのである。原因は分かったが特に恐ろしい思いをしたと宿泊客からの申告もない。ただ夜中に小さくノックが三回されるだけなのだ。寝ていれば誰も気がつかない程度に優しく。結局現場はそのままにされている。

〝コンコンコン〟

運がよければ優しい音を聞くことが出来るかも知れない。

消えるテレビマン

和歌山県旧本宮町（現田辺市）の栗栖敬和さんは辺りの山々を知り尽くしている。本人が取材を受けることも多いが、ガイド役として山へ向かうことも珍しくはない。その中で特に印象に残った話をしてくれた。最近の出来事もあるのでテレビ局名は伏せる。

「あれは○○の連続ドラマの時ですわ。山の上からこの辺りの風景を撮りたいいうて、三人くらいやったかなあ、テレビ局の人が来たんです」

ドラマの中で使うカットなので役者は来ず、撮影クルーのみの登山となった。眺めの良い山の上まで登ると撮影を開始する。周りを一通り撮影すれば終わる簡単な仕事のはずだった。

「もう少し低い位置から撮れませんかねえ」

サブディレクターは絵を確認すると少し不満を漏らす。そして一人で斜面を下り始めた。

「ちょっと下を見てきます」

良い場所を見つけたら戻ってくるというので、栗栖さんたちはしばらく待っていたが……。

「いや、戻ってこないんですよ、その人が」

いくら待っても彼は戻ってこない。心配になって声をかけたが返事もない。ほんの少し下がっただけのはずである。しかし探しても彼の姿はどこにも見えなかった。

「簡単な道なんですよ、そこは。横に入り込むような場所でもなくてね。真っすぐ下りて真っすぐ上ればそれで終わりなんです。でもどこにもおらん」

もう撮影どころではない。皆で探すが見つからず、本格的な捜索依頼を考え始めた頃、

「おったんです、その人。一人でね、山を先に下りとった。何でそんなことしたか訊いても要領を得んのです」

なぜか山を単独で下りてしまった彼は手ぶらだった。撮影用の機材の入ったバッグや自分のリュックも何も持たない。理由を訊いても、情緒不安定になっているようで会話が成立しないのだ。結局残りのスタッフが山中に放り投げられていたバッグ類を

拾い集めたのである。

「その人はちょっとおかしゅうなったらしいんですよ。大阪に帰ってしばらくしてテレビ局を休職したことは聞きました。今はどうですかねえ、まだおるんかなあ」

真っ昼間、険しくもなく単純な山道で何が起こったのかは結局分からない。これは十七年前の話である。

＊

栗栖さんは地元の山で〝汗かきツアー〟と称するイベントを行っている。それは地元の産業である林業を都会の若い女性に体験してもらおうという趣旨の催しだ。

「テレビ局が取材に来よりましてね、五人くらいおりましたかねえ」

参加した女性は十五人ほど、それに撮影スタッフと地元の林業関係者が加わり、総勢二十五、六人の大編成となった。この人数で現場まで向かうが、狭い山道ではかなり間延びすることが予想される。そこで事前に獣道が交差するような場所や迷う可能性のあるポイントに赤いテープを巻いた。ほぼ一本道で間違いなく現場へ行けるように準備をしたのである。

「私が列の先頭で、その後に女性たちが続きました。それから撮影スタッフ、林業関係者の順番ですね。一番最後は森林組合のベテランが務めましたよ」

素人を多く連れていくのだから、万全を期した配置のはずだったが……。

「現場に着いてさあ始めようかいう時になったら、カメラマンがおらんのです」

女性たちのすぐ後について登っていたテレビ局のカメラマンの姿が見当たらない。途中まで一緒だったのは確かだが、それがいついなくなったのか誰にも分からなかった。

「大声出してみんなで呼んでもどこにもおらんのです。二時間以上探しましたかねえ」

山を熟知するベテランの森林組合員がその姿を見つけたのは、現場から谷を一つ挟んだ反対側の斜面だった。

「なぜそんな所に行ったのか、まったく分からんですねえ。一本の道ですよ、ほとんど。赤いテープもあちこちにあって、間違いようがないんですねえ」

限られた山での時間を二時間以上潰されてイベントも台無しである。少し腹立たしく感じたスタッフが、なぜあんな所に行ったのかを問いただすと……。

「分かりません。途中まで一緒に登っていたんですが、目が林の中に向いたらすーっと入っていったんです。理由は特に無いんです」

山の中で彼は林の中に何を見たのだろうか。結局何も分からないままイベントは終了した。

*

熊野本宮からさほど離れていない大台ヶ原でも森に消えた人がいる。大勢の登山客で賑わうシーズン、中高年の初心者グループを引率して中堅どころのガイドが上がってきた。あまり無理をさせる訳にいかないのでゆっくりとしたペースで進んでいた。

「じゃあ、ここら辺りで一休みしましょう。水分をきちんと取ってくださいね」

ガイドは全員の顔色を見ながら避難小屋まで行けるかどうかを考えていた。もう一度休憩が必要かも知れないと思いながら彼は汗をぬぐう。五分もしないうちに彼は立ち上がった。

「じゃあ、僕は先をちょっと見てきますね」

そう言うと軽い足取りで登山道を進んでいったのである。しかし結局、彼は戻ってこなかった、客も荷物も残したままで。

それからガイド仲間が全員で彼の行方を探した。滑落の可能性がある場所、迷い込みそうな沢筋など徹底的に捜索したのであるが、未だに何一つ見つかっていない。

「お客さんを連れた状況でいったい何を見に行ったのか……周辺の沢は全部探したんですよ。でもまったく手掛かりがなくて。不思議ですねえ。消えたとしか言いようがありません」

地元のベテランガイドは未だに納得がいかないようだ。これは数年前の出来事である。

奥山の女性

「私らは不思議なことなんてあんまり経験はしたことがないですからねえ。火の玉ですか？　ああ、それはよく聞きますよ。道を歩いておったら目の前にぽっぽと出てきてね、それについていったら祖母の家まで行ってしもうて死んどったとかねえ。私も山の中でぽっぽとする光を見ましたが、あれは郵便配達の明かりじゃ思いますね」

栗栖さんはさほど不思議な経験は無いと言う。

「この辺りは大昔、風葬いうか鳥葬いうかね、つまり死んだら山の中にほっておいたんですわな。狼か何かに食べさせるんでしょうねえ。死体を放り込む場所は地獄谷いわれておったんですなあ」

つまり死体を野ざらしにしていたらしい。確かに平坦部の少ない山の中では土葬にするのも骨が折れるから仕方がなかったのかも知れない。この話は下北山村でも聞いたから、広く行われていたようである。

＊

「まあ、よう分からんのは〝送り雀〟ですかねえ」

「送り雀？　送り狼みたいなものですか？」

栗栖さんが〝送り雀〟について説明してくれた。

夜の山を一人でとぼとぼ歩いていると、どこからともなく〝ちゅんちゅん〟という鳴き声が聞こえてくる。あれ？　何の鳴き声かなと耳を澄ますと、どう考えても雀なのだ。しかしこんな真っ暗な山の中に雀がいるとは思えない。妙だなと思いながら歩き続けると……。

「それがね、しばらくついてくるんですよ。〝ちゅんちゅん〟いいながらね。そのうちに消えていくんです。これはよくありますねえ」

＊

栗栖さんの仲間で同じく山の達人杉山さんも、〝送り雀〟はよく経験したそうだ。杉山さんは長年製紙会社に勤めていた。山々で木を買い付けるのが仕事で、九州から北陸までの山間部を一人で歩き回っている。

「怖いことですか、う〜んあんまりそんな経験はありませんねえ。一番怖いのは女の人ですかねえ」

「女の人?」

「そう、山の中で女の人に会うのは怖いですねえ。誰も来ないような場所で突然会うんですから」

先に述べたように杉山さんの仕事は立木の買い付けである。山の面積と樹種を把握して持ち主と金額の交渉をしたり、銘木を探して山を一人で歩く。当然、遊歩道や登山道を歩く訳ではない。基本的に人と会うことがほとんどない山行きなのだ。そんな場所に女の人が一人でいるとは考えられないから驚くのである。

「二回会ったことがありますよ、山の中で。その人、普通の格好なんです、山歩きの人じゃないですね。髪の毛がばさばさで凄く怖かったですよ。精神的に不安定な人なのかなと思いました」

「はあ、二回ですか。それは同じ人なんですか?」

「いや、違う人ですね。場所も全然違いますから」

この状況は想像するとかなり怖い。限られた山関係の人しか入らないような場所で、彼女たちはいったい何をしていたのだろうか。

最後の昼飯

山の中では滅多に人に会わない。それ故に、たまに人に出会うとほっとしたりぞっとしたりするのだろう。

「だいぶ前ですけどねえ、奈良県の生駒に山を見に行ったんですわ。冬でしたねえ、確か。かなり険しい道を登った峠に大きな杉の木と樫の木が二本あったんです。立派な木でしたよ」

息を切らしながら峠に着くと、その大木の間で一人の老人が焚き火をしていた。杉山さんも初めて入る山である。少し複雑な地形のため目指す場所が分かりにくい。そこでその老人に尋ねると、彼は地元民らしく探している山を丁寧に教えてくれた。

「昼には少し早かったんですよ。でもまあ場所も分かったから、その人と一緒にお茶飲みながら昼ご飯を食べたんです。山の話をいろいろしながらね」

活動するフィールドが同じなので話は弾んだ。しばらくして杉山さんは腰を上げると、老人に別れを告げて歩き出す。しかし二、三歩歩いて振り返ると彼に言った。

「火の始末だけはきちんとしといてや」

それから杉山さんは目指す山へ入り、三時間ほどかけて立木を入念に見ていった。

「いやあ、良い山やなあ思いましたねえ。それから元来た道へ戻ったんですわ」

徐々に薄暗くなりつつある山中を少し急ぎ足で杉山さんは歩いていく。しばらくすると、あの杉と樫の大木が見えてきた。峠に到着したのである。しかしそこは先ほど和やかな時間を過ごした場所とは激変していた。

「さっき一緒に昼飯を食べた爺さんがね、ぶら下がっとるんですわ」

「く、首を吊っていたんですか」

「そうなんですよ、そんな感じはまったく無かったですからね。びっくりして腰抜かしましたよ」

薄暗くなり始めた峠で再会するにはあまりも恐ろしい状況だった。しかしそのままにする訳にもいかず、亡骸《なきがら》を下ろすと警察に連絡すべく里へと向かった。

「いや、その後が大変でしたよ。二日間は取り調べがあって仕事にならんかった」

「その人は、ひょっとして杉山さんがここに戻ってくるのが分かっていたから首を吊ったんですかね？」

「多分そうでしょうねえ……」

老人がいつ死ぬ気になったのかは分からない。少なくとも昼食は準備していたのだ。本当にそこまでせっぱ詰まっていたのだろうか。それとも好きな山で最後はのんびり一日を過ごしたいと思ったのだろうか。これは杉山さんが二十八歳の時の出来事である。

神域の巨樹

日本国内では巨木が少なくなっている。樹齢が三百年を越えるような木は神社仏閣に残されている例が多いが、杉山さんの会社では購入が禁止されていた。

「やっぱりいろいろ妙な場合がありますからね。うちの会社は買ってはいかんのですが、場合によっては凄く良い木が出るでしょう。そうすると間に他の会社を入れてそこから買い取るような形にするんです」

直接神社仏閣から仕入れるのではなく間に一つ入れる、つまりウッドロンダリングである。

「そうやって良い木を仕入れるんですが、会社には絶対内緒でしたね」

神社仏閣の巨樹が強風で傾いたり樹精が衰えたりすると、安全確保のために伐採される。狭い敷地内での作業は特殊伐採と呼ばれ、かなり難しい。仕事を受けることが出来る業者は限られる上に、神社仏閣の伐採木は祟りを招くと嫌がられる場合も多いのだ。

下北山村にある明神池は役行者《えんのぎょうじゃ》とも縁があり、白い龍が池から立ち上がるのを見た人が多くいる不思議な場所だ。そのほとりにある池神社の境内の木が伐採された時のことだ。数人の人がその大木を切り分けて貰い受けた。なかなか手に入らない立派な木なので皆は喜んで持ち帰ったが……。

「その木を持って帰った家でね、病人や怪我人が続出したんですよ。あんまり続くもんやからね、〝これは祟りに違いない、要らん〟言うてみんな返しに行ったんですわ」

話をしてくれた下北山村の山岡昌幸さんも、実はその木を持ち帰った一人である。そのご神木を手に入れたほとんどの家で異変が起こったが、ただ一人何ともなかったのがこの山岡さんなのだ。霊的な感覚が鋭い人からは、〝あんたには何も取り憑きはせんよ〟と保証されたそうである。

この出来事は最近の話であり、池神社の社殿横には例の木の切り株を見ることが出来る。青い養生シートで覆われた切り株には、特に何も感じさせるものは無かったが……。

帰りたかったのは

紀伊半島の山々は実に複雑で急峻である。そのためインフラの整備がなかなか進まなかった時期があった。戦後、地形を活かした大型ダムの工事が各所で始まり、同時に発電施設、送電施設なども造られていった。旅館には一年以上も泊まり込みの作業員がいて、家族のような関係だったそうだ。しかしダム関連の工事が済んでしまうと宿泊需要は激減したのである。辺りに廃業した旅館が多い理由の一つだ。

或る日の夕方、薄暗くなりかけた山道を一台のバスが走っていた。熊野交通の路線バスで新宮発篠尾行きである。学校関係者も乗らない時間帯は、文字通りのワンマンバス状態だ。人影の無い停留所をいくつも過ぎると、そろそろ終点が近づいてくる。このまま自分一人で折り返しかなと運転手が思い始めた頃、少し先の停留所に男が一人立っているのが見えた。

〝シュウ〜ガタガタガタガタ〟

ドアを開けると男は無言で乗り込んできた。運転手はミラーで確認して発車の合図をする。

「工事の人か。今時分一人で帰るのかな?」

工事関係者は大抵会社の車で移動するから少し不審には思ったが、深くは考えなかった。それからいくつも停留所を過ぎるが、降車ボタンは押されず終点に辿り着く。運転手はドアを開けてあの客が降りるのを待ったが、彼の姿はどこにも無かった。

謎の乗客はそれからも度々無賃乗車を繰り返し、運転手は戦々恐々、会社も黙っていることは出来ない。そこで調べると、いつも乗ってくるバス停の近くで死亡事故があった事実を突き止めた。それは電源開発の発電用水路の掘削工事中、落盤事故で作業員が亡くなっていたのである。運転手の見た姿は、実際に事故死した作業員と酷似していた。

そこで熊野交通と電源開発が合同で慰霊祭を開き、男の魂を慰撫《いぶ》したのである。それ以来男がバスに乗り込むことはなくなった。一日辛い仕事を終えていつもの宿に帰る。彼はそんな当たり前のことがしたかっただけなのだろう。

狸話

動物が関係する話は狐が多く、特に東北北部では独壇場である。しかしながら狸もなかなかのキャラクターとして度々登場する。そのほとんどが物真似をする程度でたわいない。それが四国では人を死に追いやるような悪さをしでかすのである。修験の山、紀伊半島の狸たちの話をいくつか聞いてみた。

＊

「私が小学生の時やったですねえ。二つ上の子がねえ、裏山に入ったままおらんようになったんですわ」

北山村の滝本和子さんは大騒ぎになった時のことをよく覚えている。集落中で探し回ったがどこにもいない。数時間が過ぎ皆が焦り始めた頃、その子は突然姿を現すが、何を聞かれても答えることが出来ず、その間の記憶が無かったそうだ。集落では〝あれは狸のせいや〃としばらく噂された。

上北山村の景徳寺の住職畑円忍さんは子供の頃、向かいの家に狸が住んでいたそうだ。その狸は円忍さんのお父さんの物真似をしたそうで、お父さんが〃おーい〃と呼ぶと同じように〃おーい〃と返事をしたらしい。

＊

狸に関してはこのくらいしか話が無かった。紀伊半島の狸はおとなしいのかと思ったら、実はそうではない。下北山村が制作した冊子をぱらぱらとめくっていくと、二十年ほど前は狸の悪戯話が多く記録されていたのである。中には狸が山の中で木を切り倒す真似をするとの証言が複数あった。これはマタギの里阿仁ではよく知られたことだが、他地域ではあまり聞かない話である。

面白いのは、紀伊半島の狸は大体二、三回斧を振るう音がすると木が倒れるそうで、〃こーんこーんばしゃ〃〃ばーんばーんばしゃ〃と表現されている。木がすぐに倒れる音がして、そのまま聞いていると何回も何回も繰り返す。もちろん辺りを見ても誰も作業などはしていないのだ。これに関しては秋田山中とよく似ている。

また山仕事の真似をよくして人たちを惑わす話がいくつかあった。しかし現在では誰に訊いてもこのような狸話を知っている人があまりいないのである。わずか二十年で狸の活躍の場がなくなったのだろうか。

魂虫

山間部には獣が数多く生息している。昔から、そこへ何らかの事情で入り込む人との間にはさまざまな関係が生じた。狐や狸が絡む話はその最たる例だろう。動物ほどではないが、時々昆虫に関する話も聞いた。死んだお婆さんの葬列に白い蝶がひらひらと付きまとう。どこまでもついてくるので不思議だと傍らの母に言うと、

「あれはお婆さんの魂なんだよ」

秋田県南部の話である。

＊

上北山村の中岡弥平さんは家の中で良い鳴き声を聞いた。

「すいっちょん鳴くんですよ、居間でね」

すいっちょん、馬追虫である。

「それがね、まだ夏にならん頃で、おかしいな、早いな思うとった。ちょうど婆さんが死んで、親戚が居間に集まっておったんです」

どこからともなく聞こえる〝すいっちょん〟に全員が耳を澄ませた。

「いやどこにおるか分からんで、みんなで部屋中を探したんです。そうしたらね、天井の隅にへばり付いとったんが見えたんですわ」

〝すいっちょん〟は天井と壁の境目をゆっくりと歩いている。親戚全員が見上げる中を良い声で鳴きながらぐるりと一周した。

「ああ、あれは婆さんやなあ、みんなで言うとりました」

それからしばらく後、親戚が家族連れでやって来た。皆が居間で話し込んでいると、

〝すいっちょん〟

きっと馬追虫だと思った中岡さんは天井を探したが、姿が見えない。しかしすぐそばで鳴き声は聞こえるのである。

「どこかなあ言いよったら、テーブルの上にピョンって跳んできたんですわ」

〝すいっちょん〟

良い声で鳴きながら、その馬追虫は周りを囲む懐かしい顔を確かめるかのように見ている。少なくとも中岡さんにはそう感じられた。

「これは婆ちゃんやな」

皆で言いながら〝すいっちょん〟をしばらく聞いていたそうである。

＊

新潟県関川村の村長を永年勤めた平田大六さんの話。

「虫ですか？　ああ、そういえば女房方の爺さんが亡くなった時に蛾《が》が飛んできたことがありましたねえ」

夜中のことである。寝室で夫婦二人が寝ていると大六さんの耳に何かの音が聞こえてきた。

〝パタパタパタ〟

微かだが規則的な音に何かが部屋の中を飛んでいるんだなと分かった。気になった大六さんが電気を点けて確認すると……。

「蛾なんですよ。それが部屋の中を飛んどるんです。不思議に感じたのは今でもはっきり覚えております」

それもそのはず、時期は二月の厳冬期なのだ。虫らしい虫といえば雨戸にへばり付くカメムシしかいない。

「いやあなぜ今頃蛾が飛ぶのか思うて見とりました。その頃ですね、入院しとった爺さんがちょうど亡くなったのは。あれはやっぱり爺さんが挨拶に来たんでしょうなあ」

*

下北半島の薬研温泉で民宿を営む八谷さんは数年前に母親が亡くなった。その葬式の時に列席者の頭に軽く触れながら飛び回る一匹の蜂が目についた。

「ああ、あれあれ」

八谷さんが横の妹に小声で話しかけた。

「何？ ああ、本当だ。あれは多分お母さんだね」

八谷さんはいわゆる見える感じるという体質だ。その八谷さんよりも一層霊感の強い妹にも、それが単なる蜂ではないと思えたのである。自分の葬式のために集まってくれた人たちに律儀だった母親が挨拶をしているのだろうと。しかし、

〝パシッ！〟

二分後、親戚の女性が付きまとうその蜂を叩き落として片づけてしまった。

南無阿弥陀仏、これが蝶なら叩かれなかったのかも知れない。

家に帰れない訳

宮崎県の日之影町《ひのかげ》には西南戦争時、西郷隆盛率いる薩軍が敗走した山岳ルートがある。そのルート近くで民宿を営むAさんの話。

「私の父親は、とにかく水神様を大切にしとったですね。夢に大きか魚の出てくると、水神様に御神酒ばあげに行くとです。山で何か嫌な感じがしても、水神様にすぐお参りに行きよりましたね」

山神様よりなぜか水神様を頼りにする理由は不明である。この人が若い頃、村人が一人いなくなったことがあった。みんなで山仕事をしている最中に、突然どんどん森の中へと歩いていき、そのまま行方不明である。

「大勢で山狩りして結局見つかったとさ。そいでんその人は着物もはだけて半分裸、全身何かに舐められとってべろべろやったとですよ。結局山から下りて少ししたら死んでしまいましたけど」

*

山の中や尾根筋を歩いていると〝オイオイ〟と声をかけられることがよくあるそうで、集落では〝ひょうすぼ〟が登ってくるといわれている。〝ひょうすぼ〟とはカッパのことであるが、なぜ水辺から上がって山を登るのか、皿が乾かないのか心配である。

「あれは私が中学生くらいやったですかねえ。夜寝とったら聞こゆっとですよ。家の外で〝オイオイ、オイオイ〟何かが言いよる。気にはなったとけど怖かけん見ません。そうしたら次の朝、婆さんが〝夕べ誰か来たとじゃなかか？〟って訊くんです。婆さんもあの〝オイオイ〟ば聞いとったとです」

他地区でもこの〝オイオイ〟または〝ホイホイ〟と呼ぶ声がする話がある。大体が狸の仕業だとされる場合が多いようだ。

*

Aさんの親戚は集落内の道で妙なモノを見ている。それは木にぶら下がった状態の火の玉だった。まるで洗濯物でも干したかのようにぶらぶらと枝に下がっていたそうだ。何だろうとしばらく見ているとふわっと舞い上がり、上のほうへと飛んでいった。

「奇妙かもんのあるもんたい。あいが人魂やろか？」

人魂ならばいったい誰なのか、親戚はそれが気になって仕方がなかった。しばらく経った或る日、中国地方から来たという〝物知り〟を訪れた。そこで親戚がその〝物知り〟に例の人魂のことを話すと、現場へ連れていけと言われ案内した。ぶら下がっていた木の下に立ち、〝物知り〟は辺りを見回す。するとすぐ横の家を指さして言った。

「最近この家で死んだ者がおろう。それが迷っておったんじゃあ」

言われてみれば、その家の五十代後半の女性が亡くなってまだ日が浅い。その人のことかと納得したが、〝物知り〟はなおも続ける。

「墓がすぐそこにあるじゃろう。でもそこにはおらんけえのお。実家のほうへ行ってしもうとる」

家の墓には入らずに実家へ戻った？　そう言われて親戚はやはりあの人魂だと確信した。飛んでいった方向に彼女の実家があったからだ。

「なぜ納得したんですか？」

「この辺りは昔いろんな行商がたくさん来とるとですよ。そん中の魚の行商に来とった人とその女の人が浮気ばしとったとです。そいがあっけんが、やっぱい家の墓には入れんとでしょうねえ」

山人は集落のさまざまな事情にも精通している。

＊〝物知り〟とは失せ物探しや病気平癒など庶民の困り事に答える人。地域によっては法印様、神様、山伏、巫女、拝み屋などさまざまな呼称がある。

おわりに——山怪話

日本各地を取材で動き、実に多くの山人たちに会ってきた。しかし今まで何人から話を聞いたのやら、その実数はよく分からない。というのは、山人に会えたからといってても山怪話が聞けるとは限らないからだ。何も無い人と会ってもメモには一文字も残らないのである。一日六人に会えても何も話が出てこないなどは珍しくない。実に効率の悪い作業だと思う。長年の経験からすれば、体験者もしくは山怪話を知っている人に出会う確率は全体の三割以下ではないだろうか。そのうちで掲載出来る内容はさらに減ることとなる。

同じように山村で育ち山中を職場としていても経験は異なる。ほぼ同年代で家も近く生活環境はさほど変わらないし、長年狩猟を一緒に行っているのに、一人は、

「不思議なこと？　そんなことあらせんなあ。聞いたこともないわ」

片や、

「狐に化かされたいうんかなあ、そんなことはようあるわ」

とまったく違うのである。同じ家に住む家族同士でも見解の相違はあるのだから、当然といえば当然かも知れない。

山怪に関しては常々心象風景だろうと思っているので、個人差があって不思議ではない。しかしそうなると同じ場所で複数の人が同時に体験する事例はどう説明すればよいのだろうか。集団催眠か集団ヒステリーか。また明らかな物体（超巨大な蛇、大蛇）との遭遇は、すべてを単なる見間違えで片づけられるのだろうか。これらはとても個人の心象風景では済まされそうもないから厄介な話である。

山怪を信じない人は、大まかに三タイプに分けられると思う。

山に入ることは生活の一部であり日常から切っても切り離せない。それなのに恐ろしいことが存在すると思ったら、とても一人で山へ入ることは不可能である。だから信じない、信じたくないという人。これが最も多いだろう。

「山の中で不思議なことだと？　怖いとか恐ろしいなんて感じる奴は臆病だからだ！　臆病者は山が怖く感じるんだよ。俺なんか真夜中に一人で山の中にいても怖いなんてことはまったくねえ」

これは頑健すぎる老猟師に多いタイプである。奈良県の森林組合でこのような人がいて、取材対象の六人ほどを前に開口一番、

「怖がる奴は臆病者だあ！」

っと大声で宣言したのである。この後に若輩者が、

「実は女の声が……」

などと言えるはずがない。山から作業員が下りるのを三時間ほど待っていたが、結局強すぎる爺さんの一言で取材はあっという間に終了したのである。

「世の中に不思議なことなど無い！」

と断言してやまない人もいる。すべての出来事は説明がつく。説明がつかないということは、そのものが存在しないという証しであるというのだ。こういう人は元研究職だったり元技術者だったりと理系が多いようである。中には世の中のことはすべて数式で表すことが出来るから不思議なことなどあり得ないとまで言い切る人もいた。

この手のタイプは、まず取材の趣旨を説明すると明らかに人を小馬鹿にした表情が顔に浮かぶからすぐ分かる。取材は五分で終わるパターンだ。ある喫茶店のオーナーが元研究者でこのタイプだった。話はすぐに終わったが、オーナーが奥に引っ込むと奥さんが近寄ってきて小声で言った。

「主人はああ言いますがね、私は不思議なこともあるんじゃないかと思いますよ」

少し救われた気がして山を下りたのを覚えている。

信じすぎるタイプ、見えすぎて何でも怪奇現象に結びつける人も少なからず存在する。一見すると話が山ほど出てきて良いじゃないかと思われるが、実際は非常にやりにくい。何でも怪奇現象、何でも心霊、お化けの仕業、何でもかんでもそちら方面へ強引に持っていこうとするからだ。最初はせっせとメモを取るが、大体途中で止まってしまう。そういう意味ではまったく信じない人と同様の扱いとなる。つまり原稿にはならないのだ。

個人的に山怪は怪奇現象や因果応報の話とはかなり違うと考えている。もちろん境界線上の出来事はある。しかし、いかにも恐怖のモンスターがどこまでもどこまでも追いかけてくる、猟犬を喰い殺し血まみれの形相で迫ってくる、やっとの思いで振り切って都会のマンションまで帰り着くとそこには……このような話は山怪ではあり得ない。

世間一般、巷に溢れかえるパターン化された話とは違う味わいが山怪の面白みではないだろうか。それは話をしてくれた山人が曖昧模糊とした空間での経験として素直に語っているからこその質感に満ちている。誰かを怖がらせてやろうなどと少しも意識をしていないのだ。その無意識の語りこそが貴重なのである。

山怪備忘録——文庫版付記

コロナと山怪と一軒家

往生している。私は今現在凄く困った状態で、まさに立ち往生といった体《てい》である。もちろんその原因は新型コロナウイルスだ。世界中で多くの人が困っているから当然なのだが、ここまで自分が困るとは予想していなかった。

山怪の取材は各地の山里に暮らす人たちに話を聞くのが基本である。現場へ出向き、直接会うことでしか分からない微妙なニュアンスや周辺環境も含めて感じ取ることが非常に重要なのだ。興味深い話は山間部のお年寄りが経験している場合が圧倒的に多く、地域的には過疎地、つまりコロナ患者がほとんど出ていないエリアなのだ。そこへコロナ患者が多く出ている人口密集地から取材に出向くのは憚《はばか》られる。

二〇二〇年の春先はそこまでの状況ではなかったが、それでも予兆はあった。長野県南部へ取材で向かった時のことだ。約束の時間には早かったのでコンビニに寄ってコーヒーを飲んでいた。コーヒーを手に運転席に座っていると、行き交う人がやたらに車を見るのである。

「別段変わった車じゃないし何だろう？　ああ、もうタイヤを替えてあるからそれが珍しいのかな」

この辺りでは連休明けまで冬用タイヤが当然だから、早々と付け替えているのが珍しいのだろうと解釈をした。しかし通行人が悉《ことごと》く見つめるほどに珍しいのか？　不思議に感じたので、車を降りて彼らの視線がどこに向けられていたのかを確認すると……ナンバープレートである。彼らはこの車がどこから来たのかを確認していたのだ。落ち着いているように見えても内心はやはり戦々恐々としている。この頃はまだコロナ患者が出ていない県や市が多くあり、地区で誰が最初に罹患するのかは住民にとって大問題だったのだ。都心からやって来る見知らぬ人は招かれざる客そのもの、厳重警戒の対象である。

結局二〇二〇年の三月を最後に取材活動はピタリと止まってしまう。順調に行けば秋口には『山怪　肆』（仮題）が出るはずだったが、執筆が六割ほど終了した時点で膠着状態に陥る。この年に車に乗った距離はわずかに三千キロ、例年ならば二万キロは軽く越えるのに。それくらいに身動きが取れなかったという証しでもある。

好きなテレビ番組に「ポツンと一軒家」がある。番組に出てくる一軒家はほとんどが山の中で山怪の取材地と完全に重なり、いつも興味深く見ていた。コロナが広がり出すと番組も過去の再放送やリモートで以前訪れた人とのやりとりがメインになり、面白さが半減した。やはり実際に現場を歩くことで情報は充実するからだろう。しかし一向に変わらぬ状況に、番組は普通の取材に戻り制作を始めたではないか。もちろんマスク着用で長い柄のハンドマイクを使用している。知名度の高い番組で突然訪問するやり方だからこそ成立するのだろう。実に羨ましい。

それに比べると、山怪取材は役場など関係各所に頻繁に連絡を入れることから始まる。当然役所としても老人たちに繋ぐ訳で、現状での協力は極めて難しいだろう。それは重々理解しているが残念でならない。こうなったらいっそのこと「ポツンと一軒家」方式で突撃してみるか。

「すいません、山怪という本の取材なんですが」

怪訝《けげん》な顔をされて特殊詐欺にでも間違われそうである。

ナビの策略リターンズ

今やカーナビの普及率は八割近いそうだ。ナビ草創期の頃とはその性能も格段に向上し、非常に便利になったものである。ナビが無ければどこにも行けない、そんな人も増えただろう。しかしナビがいつも正しく導いてくれるとは限らない。『山怪』の一巻目に掲載した〝ナビの策略〟は、そんなナビとの攻防戦である。狩猟関係の取材で訪れた兵庫県朝来市《あさご》、同じ取材の宮崎県椎葉村《しいば》での出来事は、結局ナビを無視して事なきを得た。この話に対して、

「そんなことがある訳がない。それはナビがボロだからだ」

という意見がある反面、

「これはかなり怖い話だ。似た経験はある」

という人もいる。ナビの高普及率を考えると、奇妙な体験をする人は少なくないはずだ。それが入力ミスなのか誤作動なのか、それとも〝妖《あや》し〟のせいなのかは分からないが。

二〇一九年初夏、私は九州方面を取材で動いていた。島原半島から天草《あまくさ》、そして熊本県の水上村へと車を進める。この水上村は半年ほど前に「ポツンと一軒家」で見た地区だ。同じ字を書いて群馬県は〝みなかみ〟、熊本県は〝みずかみ〟と読む。面白いなと感じて記憶に残ったのである。

水上村から山越えをして宮崎県西米良村《にしめら》に入る。ちょうど翌日が鮎釣りの解禁日ということで、一ツ瀬川沿いには多くの太公望たちがすでに待ちかまえていた。何でも

この辺りは九州でも屈指の鮎釣り場らしい。

この西米良村にはカリコボーズという謎の生物？　いや生物ではない、精霊？（村のホームページによる）妖怪？　とにかく何だか分からないモノが存在している。東北でいえば狐や狸がやらかすことを引き受けているようで、それに関する話を聞くことが出来たが、次回作に掲載予定である。

西米良村での取材を終えると北上して椎葉村へ入る。因縁の椎葉村だ。ナビがやらかすあの椎葉村、そこへ三度目の突入となったのである。前二回はレンタカーと自車で、それぞれにナビは違う。今回の車は買い替えてまだ半年でナビも最新に近い。

「まあ、あんなことはもう無い……だろうなあ」

西米良村中心部で行き先を入力する。椎葉村不土野地区の〝民宿焼き畑〟が目的地で、ここは実際に焼き畑を行っている日本で唯一の所なのだ。ナビの想定では二時間程度で着くはずである。距離は六十キロほどだが、何せ凄いカーブの連続だから仕方がないだろう。

西米良村の中心からしばらくは快適な道が続き、ツーリングのバイク集団が追い越していく。そのうちに急な上り坂になり、道が狭くなってきた。まあ日本の山間部は概《おおむ》ねこのような感じである。俗に言う酷道を散々走ってきた身からすれば驚きもしないが、途中で妙なことに気がついた。

「あれ？　おかしいな。到着時刻が変だ」

ナビに表示される目的地到着予定時刻が出発時より遅くなっているのだ。それどころか進めば進むほど遅くなっていくではないか。そんな馬鹿な！　確かに酷い道のせいで時速は三十キロ程度しか出ないが、それでも着実に進んではいる。

「まさか二度あることは三度……いやいやそんなことはさすがに無いだろう」

道を間違える要素はゼロ、交わる道は無いからだ。ひたすらぐねぐねうねうねとのたうつ道のみ。そのせいで東西南北が目まぐるしく入れ替わり、太陽があっちから照ったりこっちから顔を出したりでこの世の終わりみたいな状態ではあるが。その間、ナビはずっと沈黙している。当然だ。分かれ道はないのだから案内のしようがない。この沈黙がまた不気味で、前回の攻防戦を嫌でも思い出すのだ。

「おかしいな、どこかで道を見落としたか？　それならナビが何か言うだろう」

沈黙のナビ、気がつけばいつの間にか到着予定時刻は二時間近くオーバーしているではないか。ああ、どうやらまたらしい。ガソリンは満タンだから、まあそのうちに着くだろうと腹をくくった。

結局宿に着いたのは日暮れ前、西米良村を出て四時間近くが経過していたのである。

数日後に帰宅するとすぐに地図を確認したが、どうやったら四時間も掛かるのか、いったいどこを走ったのかさっぱり分からなかった。

どうもナビと椎葉村と私は相性が悪い……いや良すぎるのかも知れない。相性が良いから楽しいことが起こるのだろう。

山怪とグルメ

取材先は人里離れた山中の一軒家が多いと思われるかも知れないが、そのようなことはほとんどない。基本的には集落内で話を聞くが、時には役場のロビーや駅前で話を聞いたりもする。もちろんご自宅で話が聞ければそれに越したことはない。やはりその人の暮らしぶりが垣間《かいま》見えるほうが取材はしやすいのである。仕事の道具やご先祖様の写真、飼い犬や猫、そして食べている物などは大切な情報でもある。

二〇一九年、北海道厚沢部《あっさぶ》町の猟師宅を訪れた時のことだ。

「まあ、寒いから食べてください」

目の前に出されたのは、ほかほかと湯気を上げる羆の煮物である。シンプルな味噌仕立てで、とろっとして実に美味しい。秋田県の阿仁ではマタギが作る熊鍋をよく食べたが、北海道の羆は初めてだ。一緒に煮込まれていたのはキャベツで、これも北海道ならではだろう。阿仁マタギは大根やゼンマイを入れることが多いから、キャベツは面白い組み合わせである。

二〇二〇年に新潟県湯沢町で猟師が出してくれたのは熊の煮込みだった。それが具だくさんで、まるでけんちん汁のようである。大きめの木の器にたっぷりと入った熊汁は非常に美味しくて、囲炉裏の前で汗をかきながら頂いた。同じ熊料理でも地域差は大きいなと感じたのである。羆を頂いた厚沢部、熊を頂いた湯沢、両地域で聞いた山怪話も次回作で発表する予定だ。

一巻目に掲載している〝真夜中の石臼〟の話を聞いた千島茂さんは埼玉県の旧大滝村村長である。千島さんが経営する雁坂峠《かりさか》の茶店でこの話を聞いた。茶店の名物は蕎麦やヤマメだが、鹿の炭火串焼きに目が行き注文。大きな鹿肉の塊に齧《かじ》り付きながらの取材となった。昔は地区に鹿はほとんどいなかったという。それが今では増えすぎて農作物への被害が甚大になっている。千島さんが子供の頃とは山の様相がかなり変わっているのだ。そのような話も聞きつつ味わう鹿肉は良い味で、単に厄介者呼ばわりするのは気が引ける。

同じく一巻目で最強に怖い話である〝来たのは誰だ〟は石川県の白山連峰での出来事だ。話をしてくれたのは腕利きの猟師であり山中でカフェも経営する長田泉さん。

長田さんの店では自身が捕った鹿や猪、そして熊を使ったジビエが食べられる。鹿肉のロコモコ丼や猪のカツカレー、熊のパテ、その他いろいろのメニューはどれも洗練されて美味しい。また頻繁にメニューが変わるのも特徴で、飽きることがなく楽しめる。美味い料理と山怪話は良い組み合わせなのかも知れない。

山怪こぼれ話

取材では多くの話を聞くが、すべてが収録対象になる訳ではない。あまりにも一般的すぎるいわゆる怪談話は極力避けるようにしている。山里にも個性はあって、体験者にももちろん個性がある。個がぼんやりとしていると話も曖昧になりがちで収録は躊躇《ためら》われるのだ。やはり個人や地域がはっきりと感じられることが重要である。

新興宗教が絡む怪異譚も要注意だ。取材中には面白いと懸命にメモし、関係する集団名も記録した。帰宅した後その集団を調べると、少しばかり妙な活動をしている宗教団体ではないか。これはさすがに載せる訳にいかずボツにした。貴重な取材時間が無駄になるが致し方ない。

そのような理由でなくとも割愛せざるを得ないネタも多々あるが、この場を借りて若干記したいと思う。

謎の行軍

沖縄県の或る島で小さな工場を営む人から聞いた話だ。その方のお父さんが戦後しばらくしてバイクで遊びに出掛けた。さほど高くもない山を目指してバイクを走らせていると狭い林道でバイクが急に動かなくなり、調べるとチェーンが外れている。

「何だ、参ったね」

ぶつぶつ文句を言いながら油で手を汚しチェーンと格闘していると、下のほうから音が聞こえてくる。

〝ザッザッザッザ〟

妙に規則正しい音には聞き覚えがあった。

「軍隊……みたいだな」

軍隊経験のあるお父さんだからこそ分かる音だ。しかし、もうその島に軍隊などいない。

〝ザッザッザッザ〟

薄暗いジャングルの中から聞こえてくる行軍の音、そちらを見つめていると案の定である。整列して向かってくるのは十数人の旧日本軍兵士たち。お父さんは草むらに身を伏せ固くする。行軍する無表情の兵士たちは彼の前を通り過ぎ、そのまま森へと消えていった。

遭難碑

半世紀前の話である。当時東京の私大生だったHさんは山岳部に所属していた。

「たしか五月の連休でしたね。山岳部のコーチと二人で女子大生を八人ほど南アルプスの仙丈《せんじょう》ヶ岳に案内したことがあったんです」

広々とした仙丈ヶ岳は気持ちよく順調にスケジュールをこなしていたが、夕方近くになって霧が掛かり始める。

「それが段々と濃くなってきて自分の場所がよく分からないんですよ。彼女たちを待たせてコーチと二人で下山道を探したけど見つからなくて」

さんざん探し回ったが、これ以上濃霧の中で動くのは危険と判断しビバークすることにする。予定外ではあったが素人同然の女子を伴っているから無理は出来ない。

「そんな複雑な場所じゃないのに不思議でしたよ。まあ朝になれば大丈夫だろうとあんまり心配はしませんでしたけどね」

明るくなってテントから這いだしたHさんは驚く。自分たちがビバークした場所はまさに下山道のすぐそばだったのだ。なぜこんなに近くなのに昨日は誰も気がつかなかったのか実に不思議だった。タバコを吸いながらテントの周りを見ていると、小さな道標に気がついた。

「三十センチくらいでしたかねえ。何だろうと思って近づいてみたんです」

それは道標ではなく遭難碑である。数年前に二十代の若者三人が遭難した現場だったのだ。Hさんが立ち尽くしていると女子大生たちが集まってきた。

「えっ、何これは？」

一晩過ごした場所で三人が遭難したことを知ると彼女たちは騒ぎ出した。

「かなり怖がってましたよ。それを落ち着かせたらタバコと飲み物を供えてみんなで手を合わせたんです。ひょっとしたら守ってくれたのかも知れませんよね」

自分たちと年の近い若い女の子たちが来てくれたので彼らも喜んだに違いない、とHさんは今でも思うのである。

本書は『山怪　参　山人が語る不思議な話』（二〇一八年九月、山と溪谷社刊）を文庫版に改めたものです。

装幀＝高橋　潤
地図製作＝株式会社千秋社
編集＝単行本　藤田晋也、勝峰富雄（天夢人）、
宇川　静（山と溪谷社）
文庫　藤田晋也、宇川　静（山と溪谷社）

山怪 参 山人が語る不思議な話

二〇二一年七月 五 日 初版第一刷発行
二〇二四年二月一五日 初版第四刷発行

著 者 田中康弘
発行人 川崎深雪
発行所 株式会社 山と溪谷社
郵便番号 一〇一―〇〇五一
東京都千代田区神田神保町一丁目一〇五番地
https://www.yamakei.co.jp/

■乱丁・落丁、及び内容に関するお問合せ先
山と溪谷社自動応答サービス 電話〇三―六七四四―一九〇〇
受付時間／十一時～十六時（土日、祝日を除く）
メールもご利用ください。
【乱丁・落丁】service@yamakei.co.jp
【内容】info@yamakei.co.jp
■書店・取次様からのご注文先
山と溪谷社受注センター 電話〇四八―四五八―三四五五
ファックス〇四八―四二一―〇五一三
■書店・取次様からのご注文以外のお問合せ先
eigyo@yamakei.co.jp

本文フォーマットデザイン 岡本一宣デザイン事務所
印刷・製本 株式会社暁印刷

定価はカバーに表示してあります

Printed in Japan ISBN978-4-635-04924-5

山と自然を味わうヤマケイ文庫

新編 単独行
新編 風雪のビヴァーク
垂直の記憶
わが愛する山々
日本の分水嶺
【覆刻】山と溪谷
山と溪谷 田部重治選集
遊歩大全
山の仕事、山の暮らし
大人の男のこだわり野遊び術
ドキュメント 気象遭難
ドキュメント 滑落遭難
山からの絵本
山の眼玉
大イワナの滝壺
古道巡礼 山人が越えた径
山人たちの賦

新編 越後三面山人記
定本 山村を歩く
山釣り
ドキュメント 雪崩遭難
ドキュメント 単独行遭難
怪魚ハンター
溪語り・山語り 山人たちの生活誌
新編 溪流物語
マタギ
山女魚里の釣り
アウトドア・ものローグ
白神山地マタギ伝
野性伝説 爪王／北へ帰る
野性伝説 羆風・飴色角と三本指
タープの張り方 火の熾し方
バックパッキング入門
山棲みの記憶

おらが村
山怪 山人が語る不思議な話
イーハトーブ釣り倶楽部
約束の川
アイヌと神々の物語
仁淀川漁師秘伝
幻の怪蛇 バチヘビ・シロベ
ニッポン博物誌
手塚治虫の山
山怪 弐 山人が語る不思議な話
アイヌと神々の謡
山の不可思議事件簿
定本 山小屋主人の炉端話
夢の山岳鉄道
シートン動物記
小屋番三六五日
人を襲うクマ